永田鉄山
昭和陸軍「運命の男」

早坂 隆

文春新書

1031

はじめに

昭和十年（一九三五年）八月十二日、日本各地で号外が配られた。その主な見出しを並べてみよう。

「永田陸軍軍務局長　中佐に斬られ危篤　登庁直後局長室で」（読売新聞）、「永田陸軍々務局長　現役中佐に斬らる」（東京日日新聞）、「永田軍務局長　斬られて重傷・危篤　けさ陸軍省で執務中　犯人は現役某中佐」（時事新報）。

更に、同日の夕刊にも、「永田陸軍々務局長　省内で兇刃に倒る」（東京朝日新聞）、「陸軍稀有の逸材」（東京日日新聞）、「凶変八・一二事件」（報知新聞）といった言葉が続く。

この日の午前九時四十分頃、陸軍省軍務局長・永田鉄山《ながたてつざん》は、陸軍中佐・相沢三郎《あいざわさぶろう》に軍務局長室にて斬殺された。享年五十一。陸軍の中枢部である陸軍省において、軍幹部が現役将校に暗殺されるという事態は、近代日本の陸軍史の中でも他に類例のない大事件であった。

この事件は現在、「相沢事件」「永田斬殺事件」などと呼ばれている。

永田を評する言葉は、数多く語り継がれている。曰く、「陸軍の至宝」「永田の前に永田なく、永田の後に永田なし」「永田がいれば大東亜戦争（太平洋戦争）は起きなかった」などである。

確かに、永田の急逝は、昭和史における大きな分水嶺となった。日本の敗戦の要因を逆算していくと、永田暗殺事件に辿り着くという観点は、充分に検討に値する。

無論、「永田がいれば大東亜戦争は起きなかった」という言葉の蓋然性など、容易に実証できるはずがない。但し、斯かる言葉が生じるに至った経緯や背景に関しては、幾つかの側面から考察することができよう。

だが、そんな永田の実像については、意外なほど知られていないのが現状である。昭和史に一定の関心を寄せる層においても、「暗殺された軍人」「統制派の中心人物」ほどの理解で留まってしまう方が少なくないのではないだろうか。

即ち、永田の人間性や功績、或いは国防観や世界観などに関する研究や論考は、未だ充分とは言い難い状況に甘んじているのである。

果たして「陸軍の至宝」と言われた男とは、如何なる表情を有した人物であったのか。そして、そんな彼が何故、同じ陸軍の佐官に暗殺されなければならなかったのか。

本稿を通じて、彼の素顔に少しでも迫ることができれば嬉しい。

まずは彼の故郷の地から、この評伝を編み始めたいと思う。

永田鉄山　昭和陸軍「運命の男」◎目次

第一章　諏訪時代

故郷に佇む胸像

諏訪《すわ》湖の東岸に位置する長野県諏訪市が、永田鉄山の故郷である。

文禄元年（一五九二年）、日根野高吉によって高島城の築城が始まった。慶長六年（一六〇一年）以降は諏訪氏の居城となり、寛永三年（一六二六年）からは徳川家康の六男である松平忠輝が過ごしたことでも日本史に名を残す。

高島城は「諏訪の浮城」と呼称された。諏訪湖に突き出る形で聳える水城だったためである。しかし、江戸期に周囲が軒並み干拓された結果、現在では湖畔から五百メートル以上も離れた平地に立つ格好となっている。この地で行われた干拓が、如何に大規模なものだったかを物語る光景である。

そんな高島城も、維新後の明治八年（一八七五年）に廃城。本丸跡が「高島公園」という名称で開放されるようになったのは、翌明治九年（一八七六年）五月のことである。

現在、その高島公園の一角に、永田の遺徳を偲ぶ胸像が建立されている。

高島公園は、少年時代の永田が実際に友人たちと駆け回って遊んでいた場所でもあるが、この敷地内に立つ諏訪護国神社の目の前に、その像は設けられている。

諏訪護国神社は、この地を故郷とする英霊を慰めるべく、明治三十三年（一九〇〇年）に諏訪招魂社として創建され、現在までに五千七百八十一柱が奉斎されている。

本殿に向かって右側の木立の中に佇む永田像は、「永田鉄山中将像」と刻まれた台座の上にある。眼鏡をかけた静やかな表情だが、その視線は鋭く正面を見据えている。

しかし、昨今、この像の存在も次第に風化しつつあるという。諏訪市教育委員会生涯学習課課長の亀割均氏はこう話す。

「今では、この街でも多くの方が永田鉄山の存在を知らないと思います。永田が割合と早い時分に諏訪を出て上京したこともあり、この地に残っている資料なども少ないのです。ですから、市としても何か冊子のようなものを纏めたいという気持ちはあるのですが、なかなか思うように進展していないのが現状です。学校などで永田について学ぶ機会があっても良いのかもしれませんが、現在のところはそのような授業は行われておりません」

「陸軍の至宝」は、生まれ故郷でも歴史の埃を被っていた。

生誕

明治十七年（一八八四年）一月十四日、永田鉄山は長野県諏訪郡上諏訪村にて生まれた。番地は「四百六十一番」。

父の名は志解理《しげり》、母は順子という。

「鉄山」とは、やや変わった名前だが、これは「諏訪鉄平石」と関係する部分があるのかもしれない。諏訪の近隣に位置する霧ヶ峰周辺で産出される岩石の一部は「諏訪鉄平石」と呼ばれ、鉄のように硬く平らなその石の品質の良さは、日本でも随一と賞された。江戸期には高い石工技術を持つ職人が多く諏訪に集まり、それら自然石は門柱や石塀などに用いられた。

志解理には前妻があり、三男一女をもうけていたが、後妻である順子との間に生まれた最初の子が鉄山ということになる。順子は諏訪の北方に位置する南安曇《みなみあづみ》郡の重柳という地の出身で、旧姓は「轟《とどろき》」である。

鉄山の誕生時、志解理は既に五十歳。

但し、志解理は至って壮健で、鉄山の後にも四人の子宝に恵まれている。

そんな志解理だが、彼はそもそも養子として永田家へと入った。永田家は江戸時代から続く藩医の家系である。宝永年間、江戸にあった永田家は、信濃高島藩第四代藩主・諏訪忠虎に藩医として招聘された。宝永四年（一七〇七年）のことである。

因みに、この年の十月四日には、南海トラフ巨大地震の一つであるとされる宝永地震が発生。東海道から四国地方にかけて、夥しい数の死者が出たと言われている。

続く十一月には、富士山が噴火。江戸でも降灰が確認されたというから、より富士山に近い諏訪の地の被害は小さくなかったであろう。このような巨大災害の連続によって多くの被災者が出たことは、永田家が藩医として召し抱えられたことと関連があったかもしれない。

永田家は「新知二百石・十人扶持」で諏訪藩の御医師として働くこととなった。当初は江戸詰めであったが、その後に諏訪に転じたという。

養子である志解理の本姓は「守矢《もりや》」という。諏訪で守矢家と言えば、諏訪神社（諏訪大社）上社の神官の一つ「神長官《じんちょうかん》」という役職を中世から明治まで務めた家柄として有名である。志解理の生家もこの守矢家の傍系と考えられるが、彼の直系は神官ではなく医術に関する人材を多く輩出したという。

現地で話を収集したところによると、現在の諏訪市と茅野市の境の辺りに、多くの医者が出た守矢家という家系があったようである。志解理の実家は「中洲村神宮寺」という場所にあったとされるが、現在の「中洲神宮寺」という地名は、茅野市に近い諏訪市にある。また、鉄山の日記の中には、叔父の名前として「守矢玄医」という者の名前が記されている。

医者の多い「守矢家」から、諏訪藩藩医の家系である「永田家」に養子として入ったのが、志解理ということになる。

最先端の西洋医学を学んだ志解理は、幾つかの病院を転じた後、地元の「高島病院」という公立の大病院の院長となった。同病院は、この地域の医療を支える中心的な存在であった。現在の諏訪赤十字病院である。

志解理はまた、俳人でもあった。『諏訪人物史』によれば、「雲低」との号を有していたという。

北東には八ヶ岳に連なる山々が広がり、南西にかけては南アルプスへと続く雄大な山脈が横たわる諏訪盆地では、低い雲が雅やかに山肌を流れていく優艶な光景が時おり見られる。そんな郷土の明媚を、彼は号に込めたのであろう。文学的造詣に深く通じた人物だったに違いない。

そんな志解理を家長とする永田家の暮らし向きは、総じて裕福な方であった。自宅は甲州道中（甲州街道）に面しており、街の中心部に位置していた。

諏訪は良質の温泉が湧くことでも有名な土地柄であるが、永田家の自邸の庭には、温泉の源泉もあったと言われている。

鉄山は「院長の令息」として、大切に育てられた。

高島尋常小学校

明治二十三年（一八九〇年）四月、鉄山は地元の高島尋常小学校（現・高島小学校）に入学。その十年前の明治十三年（一八八〇年）に明治天皇が御仮泊したこともあるという白亜の校舎に、鉄山は通い始めた。

鉄山の自宅の裏手には、手長神社という大きな神社があった。境内へと連なる急峻な石段が、彼と級友たちとの「遊び場」となった。

尋常小学校の年限は四年間である。

校内での彼の渾名は「鉄サー」であった。小さな時から実直な性格で、体格は小柄な方だったという。

鉄山が低学年の時の話である。ある日、学校の担任から生徒たちに、小さな手帳が配られた。毎日の行いを「善・悪」の二つに分け、白丸と黒丸を使って手帳に書き込むという日課が出されたのである。

鉄山はこの課題において、自分の行為が「悪」だったと思えば、誤魔化すことなく全て正直に黒丸を付けた。志解理はそんな鉄山の態度を見て、笑顔を以て褒めたという。志解理が息子に望んだのは「正直な心」であった。

三年時には、藤原咲平《ふじわらさくへい》という名の少年が同級に転入してきた。後年、中央気象台長となり、「お天気博士」として全国的に名を馳せることになる人物である。余談となるが、藤原にとって作家の新田次郎は甥、数学者の藤原正彦は大甥に当たる。

鉄山はこの藤原と殊に厚い友情を培った。

少年時代の鉄山は、後に自らの胸像が立つことになる高島公園や、諏訪湖の湖畔などで闊達に遊んだという。

明治二十七年（一八九四年）、高島尋常小学校を卒業した鉄山は、高等小学校に進学。高等小学校は義務教育ではなく、修業年限は尋常小学校と同じ四年である。

高島尋常小学校で同級だった藤原も、共に同校に進学した。

この年の七月には、日清戦争が勃発。朝鮮半島を巡る日本と清国との衝突は、遂に国家間戦争にまで拡大した。

維新以来、軍隊の近代化に努めてきた日本は、各戦線で清国軍を圧倒。総じて優勢に戦況を進めた日本軍は、遼東半島などの占領に成功した。

そんな時代背景が影響した部分も大いにあったのであろう、当時の鉄山は他の少年たちと共に「戦争ごっこ」に興じることが多かったという。担任は、林三郎という教諭であった。

明治二十八年（一八九五年）四月十七日、日清講和条約（下関条約）が締結された。戦勝国となった日本は、清国から遼東半島や台湾などの領土を獲得。その他、多額の賠償金を得ることもできたが、それらは開国以降、国力の増強に邁進してきた日本が手にした初めての具体的な成果であった。

然して、日本国内は戦勝に沸いた。

鉄山はそんな時代性の中で、少年時代を過ごしたことになる。

しかし、その直後、フランス、ドイツ、ロシアによる「三国干渉」の結果、日本は遼東半島を清国に返還せざるを得なくなった。強力な軍事力を背景とする三国の恫喝により、日本は血の代償として獲得した地を強引に奪われたのである。東アジアの利権を巡り、欧米各国の思惑が激しく交錯した時代であった。

この不条理なる三国干渉という決着点に対して、日本の世論が激昂したのは当然のことである。

日本国内では「臥薪嘗胆」が、一種の流行語となった。

父親の死

そんな折りである。明治二十八年八月二十六日、鉄山の父・志解理が六十一年の生涯を閉じた。志解理は未だ十一歳の鉄山に対する遺言として、以下のような言葉を託したという。

〈汝成長の後は必ず好箇の軍人となり、之を大にしては国家の干城となり、之を小にしては亡き父を十万億土に喜ばしむべし〉（『秘録　永田鉄山』）

自らは医師としての生涯を歩んだ志解理であったが、息子たちを同じ道に導くことはしなかった。先妻との間の次男である十寸穂《ますお》は、既に陸軍に進んでいた。欧米の帝国主義が東アジアを鋭く見据える時局の中で、志解理が祖国の将来に強い危機感を抱いていた様子が察せられる。

鉄山は終生にわたって、父のこの言葉を忘れなかったという。

即ち、鉄山は父の遺言に従う形で、職業軍人を志すことを決断したのであった。

父親の死を契機として、鉄山の生活は大きく変貌した。それまでの学校での成績は中位であったが、以降、友人たちと率先して「夜学会」を組織し、勉学に力を注ぐようになった。「夜学会」のメンバーは、銘々の家に順番に泊まりながら、予習や復習を重ねたという。

結果、この時期から鉄山の成績は顕著に向上した。その他、植物の標本採集にも熱心に取り組んだという記録が残っている。

やがて、鉄山は友人たちと共に、三国干渉後の日本という国家の在り方について、熱く議論を交わすようになった。
それが、明治時代の少年たちの一つの「青春」であった。

上京

志解理の没後、永田家の暮らし向きは一挙に困窮した。母・順子は女手一つで、鉄山を含む五人の子どもたちを養育しなければならなくなった。

昭和十年（一九三五年）八月十三日付『東京日日新聞』（夕刊）には、「父（著者註・志解理）の遺産は実兄が蕩尽した」という内容が記載されている。「実兄」とは、志解理と先妻との間の子のことを指している。更に、同時期の『文藝春秋』（昭和十年九月号）に掲載された「刺された永田鐵山」（著・江戸川清）という記事の中にも、同様の記述が見られる。

結句、順子は子どもたちを連れて上京する決心をした。

この転居により、鉄山の人生も大きく針路を変えていくのである。

こうして転校することになった鉄山のため、同級生たちは送別会を開いた。場所は諏訪の上町にあった出版社・堀田盛文堂である。同社の令息である堀田義雄は、永田と同級生であった。堀田は後年、上諏訪軍人分会の会長を務めることになる。

二十人ほどの友人たちが集まった他、担任の三村正方という教師も参加して、西郷隆盛の逸話などを教え子たちに語ったという。

明治二十八年（一八九五年）十月末、永田家は住み慣れた諏訪の地を離れた。鉄山が高等小学校の三年時のことである。


永田家が東京で身を寄せたのは、志解理と先妻との間の次男・十寸穂の家であった。鉄山にとっては「腹違いの兄」ということになる。

その当時、十寸穂は陸軍の尉官であった。陸軍歩兵中尉として、陸軍幼年学校の区隊長を務めていたのである。鉄山は既に陸軍軍人への道を志望していたから、この寄居には彼の将来を考慮しての理由もあったのであろう。

その後、母や妹たちは神保町に別の家を借りたが、鉄山はそのまま十寸穂の家に残った。十寸穂は「父代わり」となって、鉄山の面倒を良く見たという。

ただ、上京後、母・順子は体調を崩すことが多くなった。鉄山は母の身を深く案じた。

鉄山の転校先は、東京都新宿区北町にあった愛日尋常高等小学校である。同校は明治十三年（一八八〇年）、日本最古の小学校の一つであった市谷加賀町の吉井学校と、市谷柳町にあった市ヶ谷学校が合併して創立に至った教育機関である。

鉄山は同校の三年生に転入した。

以降、鉄山は十寸穂の指導を受けながら猛勉強を重ねた。

明治三十一年（一八九八年）九月、鉄山は東京陸軍地方幼年学校に合格。同校は陸軍中央幼年学校の附属学校として設置された軍学校であり、陸軍の「幹部候補生」を養成する機関である。陸軍地方幼年学校は東京の他、仙台や名古屋、大阪など全六校が設立されていたが、それぞれの地域の秀才が集まる狭き門であった。

難関試験を突破した鉄山だが、彼の胸中には、

（早く出世して母を助けたい）

との思いが強くあったという。

鉄山、十四歳の時である。

生家の現在

永田鉄山の生家跡を、元下諏訪町議会議長で、現在は諏訪市文化財専門審議委員である市川一雄氏に案内していただいた。

昭和十年（一九三五年）、この地に生まれた市川氏は、地元の諏訪市民でさえ永田の存在を充分に知悉していないという現状を憂う一人である。市川氏は言う。

「私は永田鉄山が暗殺された年に生まれ、十歳の時、高島小学校在学中に終戦を経験しました。

高島小学校は永田の母校に当たりますから、後輩ということになります」

そんな市川氏だが、やや意外な話を明かす。

「しかし、私が永田のことを知ったのは、実は戦後なんですよ。つまり、高島小学校は永田の母校であったにも拘わらず、戦時中でさえ彼の存在を教えていなかった。まさに『軍国教育』の華やかなりし頃でしたから、永田を『地元の英雄』として扱っていても良さそうなものですがね。現実には、そういうことはありませんでした。少し不思議な話ですよね」

市川氏の他にも、諏訪市出身の「戦中派」の方々にお話を伺ったが、「永田のことを英雄として教わった記憶はない」という意見は共通するものであった。確かに永田が迎えた「暗殺」という結末を考慮すれば、相沢事件は陸軍にとって恥ずべき一大不祥事と言わざるを得ず、このことが永田の存在を語る行為への一定の抑制として働いたのかもしれない。

市川氏の案内で、中央本線の上諏訪駅から二分ほど歩いた。永田の生家跡は、駅の近隣にあった。但し、永田が当地に在住していた当時は、未だ上諏訪に鉄道は通っていない。

永田家の生家跡は、更地となっていた。

主に駐車場として利用されているようであったが、舗装が施されている訳でもなく、砂利の合間から雑草が伸びているような状況だった。「空き地」といった言葉が相応しい光景である。

甲州道中は今では国道二十号線とその名前を変え、周囲は商店街となっているが、この更地が永田の生家跡であることを知る者は今では極めて少ない。生家の跡地を示すような記念碑なども一切ない。「陸軍の至宝」の生家跡としては如何にも寂しい印象を受けるが、これも戦後日本の歩みの具現化と考えれば合点がいく。

周囲には郵便局や裁判所などの大きな建物も並ぶが、生家跡のすぐ近くで貴金属店を営む三村昌暉氏は言う。

「永田家の跡地には、電気屋や洋服店など幾つかの店舗が出たり入ったりしていましたが、平成十八年頃からはずっと更地になったままです」

三村氏は戦後の生まれであり、

「戦前のことは伝聞ですが」

と前置きした上で、次のように語る。

「この商店街は現在、『上諏訪商店街』と言いますが、戦前に大火があったそうです。その時に、それまでの建物の大半が焼け落ち、その後に現在に繋がる商店街の基礎ができたと聞いています」

後に調べてみると、昭和元年（一九二六年）にこの地域が大火災に見舞われていたことが分かった。但し、この火災は永田家が諏訪を出て上京してから三十年ほど後のことであり、一家が直接的に被害を蒙った訳ではない。

三村氏に、永田家の庭にあったという「温泉の源泉」について聞くと、次のような話を教えてくれた。

「かつてのこの辺りの土地は、何メートルか地面を掘ると、温泉がじわじわと滲んでくるような状態でした。湯温は三十～四十度ほどで、そんなに高くはないんですがね。現在は他の場所での汲み上げの影響などから涸れてしまいましたが、私の小さい頃まではそんな環境だったんですよ」

国道に面した更地の背後には、手長神社の「鎮守の森」が見える。

諏訪大社上社末社である手長神社は、高島城の鬼門に位置し、諏訪藩家中の総鎮守とされた。大鳥居から拝殿までは二百五十段ほどの長い石段が延びる。永田家も、この神社の氏子だったとされる。

急な石段を上り切った先の境内からは、諏訪湖の穏やかな湖面を見渡すことができた。永田の目にも何度も映った光景であろう。樹齢五百年以上という杉の木が、泰然として佇立していた。

永田の根幹が養われた地は、静謐な高台にあった。

第二章　陸軍軍人への道

ドイツ語の習得

明治三十一年（一八九八年）九月一日、永田鉄山は東京の市谷にある東京陸軍地方幼年学校の門をくぐった。同校には優秀な「エリートの卵」たちが参集していた。

永田は同校の第二期生で、一学年は五十名。期間は三年である。

同校の生徒たちが着用する制服の襟には、金星の印が付されていた。このことから、彼らは「星の生徒」と呼称された。

同校は全寮制である。斯くして、永田も同輩たちと起臥を共にする生活へと入った。

当時の永田の渾名は「アップル」。頬の赤みがその命名の由来だと言われているが、リンゴの名産地である長野県の出身ということも当然、関係したであろう。

また、単に名前から「鉄」ともよく呼ばれた。

性格は真面目で几帳面な色が濃かったが、友人が少ないという訳ではなかった。永田は同期生たちと快活に交際し、貴重な友情を育んだ。病気で休んでいる友人のため、授業の概要を筆記したノートを自分のものとは別に作成し、それを届けるというような心優しき一面もあった。

同校の授業は、数学や語学などから軍事学の基礎に至るまで多岐に及んだ。

歴史学の教官には、漢文学史の権威である岡田正之がいた。元治元年（一八六四年）生まれの岡田は、帝国大学史料編纂員を経て、同校で教鞭を執っていた。後年には、学習院や東京帝国大学の教授も務めている。

そんな岡田の授業を、永田も熱心に受講した。永田は岡田の講義に大いに感銘を受け、その授業の内容を書き写したノートを卒業後まで大切に保管したという。永田はその恩を終生、忘れなかった。

また、同校の語学はフランス語、ドイツ語、ロシア語からの選択制であったが、これは日本に対して三国干渉を突き付けた国々の言語と一致する。日本陸軍が想定していた避け得ぬ戦争の形が、このような側面からも窺い知ることができよう。

永田はドイツ語を選択した。

鉄山の父・志解理は生前、「西洋医学を学んだ」とされるが、とすればドイツ語に通じていたと思われる。幕末期の西洋医学と言えば蘭方であったが、蘭書の大半はドイツ語の書物の翻訳だった。維新直後には、イギリスの医学が重用された時期もあったが、政府は明治三年（一八七〇年）にドイツ医学の採用を正式に決定した。

永田がドイツ語を選択した背景には、亡き父の影響もあったのかもしれない。

岡村寧次との出会い

秀才たちの集まる同校の中でも、永田の成績は常に優秀だった。その一方、柔道や剣道などの成績は平凡であった。

普段の永田は、口数の多い方ではなかったが、ひとたび議論となれば理路整然と自己の所信を開陳したという。

同期生には、生涯の僚友となる岡村寧次《おかむらやすじ》がいた。後に永田、小畑敏四郎《おばたとしろう》と共に「陸軍三羽烏」と呼ばれることになる一人である。

岡村は明治十七年（一八八四年）五月十五日、東京府に生まれた。

早稲田中学を経て、東京陸軍地方幼年学校に入学した岡村は、そこで永田と出会った。

二人は忽ち意気投合し、互いに「鉄」「寧次」と気軽に呼び合う仲となった。

翌年の第三期生には、東條英機の姿があった。永田や岡村の一期、後輩ということになる。

東條はその生涯を通じ、永田に深い敬慕の情を寄せ続けたが、二人の出会いはこの東京陸軍地方幼年学校にまで遡る。
永田が二年時に作った短歌がある。永田、十六歳の時の一首である。

〈おきふしに心の変る世の才子
　今日の夕立如何に見るらむ〉

戦前日本のインテリ少年たちの教養の程度には、軽視すべからざるものがある。戦前の全てを闇雲に是として礼賛するつもりはないが、かといって戦後の日本が多くの美点を喪失したのではないかという憂慮を払拭することも難しい。
更に永田は、同郷の一人の兵士が支那（中国）の北京にて殉職したことを新聞報道によって知り、こんな短歌を詠んだ。

〈玉となり砕けし君が誠心は
　月が瀬に散る花のかむばせ〉

永田は文才にも秀でたものがあったと言われるが、先の二首を味わえばその一端を感応できよう。俳句を愛した父・志解理に通ずる稟質とも言える。

明治三十四年（一九〇一年）七月、永田は三年間の学業を了し、同校を卒業。「優等」の成績であったため、恩賜の銀時計を授かる栄誉に浴した。

陸軍中央幼年学校

東京陸軍地方幼年学校の卒業生は、市谷の同じ敷地内に建つ陸軍中央幼年学校にそのまま進むことになる。

同校への永田の入学は、明治三十四年九月である。

陸軍省の管轄下にある同校の課程は二年間であり、永田は第三中隊第六区隊に配属された。

東京陸軍地方幼年学校に引き続き、同校も全寮制である。

同期生には、「陸軍三羽烏」の一人となる小畑敏四郎がいた。明治十八年（一八八五年）二月十九日、男爵である小畑美稲《うましね》の四男として高知県に生まれた小畑は、京都府立第一中学校を卒業した後、大阪陸軍地方幼年学校を経て、陸軍中央幼年学校に進んだ。

以降、永田とは長きにわたって、浅からぬ関係性を築いていくことになる。

同校では普通学も学ぶが、地方幼年学校時代よりも軍事学に関する授業が増える。軍事教練の課目では、実弾射撃や小隊教練など、より実践的な技術の習得に多くの時間が割かれた。その他、馬術などの訓練も行われたが、在学中の永田が殊に注力したのは外国語の習得だった。

〈これからの時代は、軍人も語学力が必要〉

と考えた永田は、友人たちと「語学会」を組織し、外国語の学習に励んだのである。彼が専攻したのは、引き続きドイツ語であった。

その他、宗教や哲学、文学などの分野にも、永田は幅広く興味を示した。二年時には、下級生を監督する「護民」の一人に選ばれた。

休日には、語学力の研鑽のためにドイツ人宣教師のもとを訪ねたり、宗教観を養おうと禅寺に参詣したこともあった。また、趣味としては友人たちと囲碁をよく楽しんだという。

無論、彼も未だ十代後半の青年であり、人生や社会に対する様々な懊悩を抱える日々でもあった。明治三十五年（一九〇二年）十月五日の彼の日記には、以下のような文章が綴られている。

〈凡《およ》そ人には必ず長と短とあり而《しか》も常人は之が長を求めずして徒《いたず》らに其の短を捉へて之を非難し、之に対し不満の意を持す、之を以て遂に不平となり、自暴となり、自己修養学習に利する所毫末だもなし、之に反し大人は、人の短を捨てゝ顧みず、其の長を求めて巧に之を採る、之れ凡、非凡の懸絶する所以の一なりとす〉

十月二十六日付の日記には、こう記されている。

〈人は其の前途に理想の灯明台を築き、其の光明を望んで漸々之に近づき進まざるべからず、然り而して其の取るべき航路は如何に、直航するも可、曲行するも可、要は世と抵悟《ていご》せざるにあり、古より幾多英雄豪傑回天の抱負を持しつゝ空しく屍を草野に埋むるもの、其の多くは時と合せざるに依るべし、現代に於ても亦然り、如何に才秀で徳高きものと雖《いえど》も、社会国家と相容れざるものは遂に社会の下層に沈淪し、己の名説卓法をも施し得ざるの悲境に沈淪しつゝあり〉

そして、永田は「軍人」としての自己に思いを馳せる。

〈軍人の責務。軍人の責務は独り戦時に於てのみあるものにあらず、平和の日に於ても亦軍人の責務頗る絶大なるものあつて存す、即ち極力平和を維持（勿論自国の国是を施し得て）する

は軍人の最大責務なり〉

永田は「軍人の責務」を「平和を維持する」ことと規定しているが、この言葉は本稿において極めて重要である。彼の国防観の中核を成す言葉として捉えることができよう。

母親の病い

明治三十六年（一九〇三年）三月、永田の実母である順子が病いに伏せた。永田の日記には、病状として「僂麻窒斯《リヨウマチス》の為め心臓に変症を生じ」との記述がある。おそらく「リウマチ性心疾患」ということになろう。十一歳で父親と死別している永田は、思いをこう綴る。

〈嗚呼何たる悲報ぞ、顧みれば慈母の安否を問はざりしこと茲に二閲年、不孝の罪免れ難し、然れども天幸に予が熱誠のある所を知らば、速かに慈母をして快癒せしめよ、悲嘆の余記す処を知らず〉

同年五月、永田は陸軍中央幼年学校を卒業。この時も「優等」の成績により、銀時計が下賜された。

卒業式の際、永田は生徒を代表して、明治天皇の御前で式辞を述べるという大役を任された。彼は「文武兼備の必要」と題した挨拶の言葉を堂々と弁じたという。この場面に関し、国文科の教官だった丸山正彦は、

〈空高く翔けるしるしか大君の
　御前にもらす鶴の一声〉

という祝歌を寄せた。丸山は帝国大学卒の国学者で、皇典講究所講師などを歴任した人物である。

陸軍中央幼年学校の卒業生は、下士官としての隊附勤務を経た後に、陸軍士官学校（陸士）へと進むことになる。

陸軍士官学校

陸軍中央幼年学校を卒業した永田は、明治三十六年六月五日、士官候補生として麻布の歩兵第三連隊に入隊した。

当時の連隊長は、牛島本蕃《うしじまほんばん》である。歩兵第三連隊の上級単位は第一師団で、師団長は伏見宮《ふしみのみや》

貞愛親王《さだなる》であった。

六月十四日には、来日中のロシア陸軍大臣であるアレクセイ・クロパトキンを歓迎する観兵式が行われたが、入隊直後の永田もこれに参列している。この訪日によって日本軍の実力を高く認めたクロパトキンは爾来、日本との軍事衝突に反対する立場を示すようになる。しかし、彼の望みに反して、この翌年に日露は開戦。ロシア満州軍総司令官に任命されたクロパトキンは、日本軍と対峙することになるのである。

歩兵第三連隊での勤務中は、隊内における「整理整頓」が口喧しく言われたが、永田は私的な日記の中で、以下のような所感を書き留めている。

〈整頓等を綿密にしこれに多くの時間を費すよりは、寧《むし》ろ隊形の変換、散開運動等を確実適切に施行するを可とす〉

後に陸軍中枢において「徹底した合理主義者」として名を馳せる永田だが、その萌芽が感じられる記述である。陸軍内に漂う独特の精神主義に、永田が違和感を抱き始めていた様子が窺える。

六カ月に及ぶ隊附勤務を支障なく終えた永田は、同年十二月一日に念願の陸軍士官学校に入校。同校の入学者は、将来の陸軍を背負って立つ逸材として、大切に育成されることになる。「将校の卵」として、順調に道を歩む永田であった。

永田の配属先は、第四中隊の第一区隊である。

永田は同校の第十六期生であった。同期生には岡村寧次や小畑敏四郎の他、板垣征四郎《いたがきせいしろう》、土肥原賢二《どひはらけんじ》といった面々がいた。

板垣は小畑と同じ明治十八年（一八八五年）の生まれ。年齢では、永田の一つ年下ということになる。

岩手県岩手郡出身の板垣は、盛岡中学校、仙台陸軍地方幼年学校の卒業。累代、盛岡藩士の家系である。

土肥原は明治十六年（一八八三年）、岡山県岡山市の出身。板垣と同じ仙台陸軍地方幼年学校を卒業した後、陸軍中央幼年学校を経て陸軍士官学校に入学した。

板垣と土肥原の両名は、終戦後の極東国際軍事裁判（東京裁判）で所謂「A級戦犯」として極刑を宣告され、共に刑場の露と消えたことでも日本近代史に名を刻む。

この陸士第十六期は、他にも多くの人材を輩出しており、後に台湾総督となった安藤利吉《りきち》もこの期である。

永田と親交の厚かった同期生の一人に沢木元雄がいる。明治十七年（一八八四年）生まれの沢木は、東京市の出身。後の大東亜戦争下では、ジャワ島に赴任し、ボゴル州長官の職を担うことになる。永田と沢木は、殊に気心の知れた間柄であったと言われている。

陸軍において「陸士の同期生」というのは、大きな意味を有していた。強い仲間意識のもと、生涯にわたる友情関係で結ばれる場合が多かった。

多彩な若者たちの揃った第十六期は、後に「俊秀雲の如し」と呼ばれることとなるが、その中でも永田の成績は突出していた。同期生の一人である中山蕃《しげる》は、当時のことを戦後にこう追憶している。

〈当時課目は頗る多く、教練は厳格をきわめ、余程勉強しないと、学科が身につかない有様であり、試験前の如き、永田の机の前には、生徒が集まり質問を浴びせ勉強に資する有様〉（『陸軍中将永田鉄山小伝』）

中山は長野県の木曾福島の出身で、永田と同じ信州人。東京陸軍地方幼年学校時代から永田とは同級の朋友であった。後の陸軍中将である。

当時の陸軍士官学校は、軍学校とは言え、高等普通教育にも充分に力を注いでいた。同校の教育が専ら軍事学に傾くのは、昭和に入って以降のことである。永田は未だ柔軟な学習内容を色濃く残していた同校において、幅広い学問に触れる機会を得た。

成績に秀でた永田であったが、偉ぶるところが毫も無かったため、周囲の同級生たちからは常に崇敬される対象だったという。

日露戦争の勃発

永田が陸軍士官学校に在籍中の明治三十七年（一九〇四年）二月、日露戦争が勃発。日本は国家の存亡を賭けた未曾有の大戦へと突入した。三国干渉後、南下政策を進めてきたロシアとの衝突は、日本の安全保障にとって最大の危機であった。

開戦の余波により、陸軍士官学校では本来は三週間あるはずの夏期休暇が全廃となった。以降、授業や教練も、より実戦的な内容で実施されるように改められた。

卒業が近付いた頃、永田は胃拡張を煩って療養を余儀なくされた。その生涯を通じ、永田は身体的には決して堅強とは言えなかった。

十月二十四日、永田は陸軍士官学校を卒業。永田、二十歳の時である。当時の同校の年限は一年間であったが、戦争の影響から例年よりも卒業が一カ月ほど繰り上げられた。

全国から俊才が集う同校を、永田は首席で卒業した。

その後、永田は原隊である歩兵第三連隊に見習士官として帰隊。十一月一日、陸軍歩兵少尉に任じられた。

歩兵第三連隊補充大隊の第一中隊に配属された永田は、日露戦争下における補充兵や志願兵への教育を担当する任務に就いた。

陸軍のエリート街道を歩んだ永田であったが、当時の尉官級の俸給は低めに抑えられていた。「貧乏少尉、やりくり中尉、やっとこ大尉」といった戯れ言が流行した時代である。

永田は手にした給料の多くを、母親への仕送りに費やした。母・順子の体調は、依然として恢復していなかった。永田は母への感謝の気持ちを常に忘れなかった。

その後、永田は渋谷区の代官山付近に小さな家を借り、母と二人の妹を呼び寄せて共に暮らすようになった。当時の陸軍少尉の俸給は、戦時増俸を加えても四十円足らずである。あんぱんが一個一銭、うどんやそばが二銭、カレーライスが五～七銭ほどの時代であったから、食うに困るような程度ではなかったろうが、四人での生活となれば苦労も多かったに違いない。当時、新官の少尉の中には、親の臑を齧る者も少なくない時代であった。

永田は以降、渋谷区内で何度か転居を繰り返すことになる。

この年の末には、激戦の続いていた旅順において、日本軍が第三回となる総攻撃を行い、二百三高地を占領するなど、陸軍の勇戦力闘が目立った時期であった。永田は内地にて、そのような戦いを支えていたことになる。

ポーツマス条約の締結

実直で謹厳な印象のある永田だが、彼は酒豪であった。

東京陸軍地方幼年学校時代からの親友である岡村寧次は、しばしば永田と連れ立って呑みに行ったという。当時、岡村は歩兵第一連隊に勤務していたが、同隊は永田の所属する歩兵第三連隊とは近隣の位置にあった。岡村はこの少尉時代のことを後年、こう回顧している。

〈当時は物価低廉、青年士官でもときどき飲みに行けたものであった。鉄山はかなり酒に強い方であった。酒間、私は鉄山が単なる優等生に非らずして、革新的気魄を有する英雄児であることをしり、ますます彼を敬愛し相許すようになった〉（『陸軍中将永田鉄山小伝』）

併せて、永田は愛煙家でもあったという。

明治三十八年（一九〇五年）になると、日露戦争の前線に派遣される将兵が更に増えたが、永田にはその機会は訪れなかった。永田はその生涯において、実際の戦場に出た経験はない。

五月、日本海海戦にて日本海軍が大勝すると、戦争の雌雄は決した。

六月に休戦となり、九月にはポーツマス条約（日露講和条約）が結ばれた。日本は満州南部の鉄道及び占領地の租借権の他、大韓帝国に対する排他的指導権などの権利を獲得。しかし、戦争賠償金を得ることはできなかった。

この講和の内容に対し、日本の世論は激昂した。不満を抱く民衆らが日比谷焼打事件などの騒乱を起こしたため、東京には戒厳令が布かれた。

この時、永田も治安維持を目的とした警備活動に奔走。緊張感の張り詰める首都において、多忙な時間を過ごしている。

朝鮮半島への赴任

明治三十九年（一九〇六年）一月、永田は歩兵第五十八連隊附を拝命。派遣先は、一向に情勢の安定しない朝鮮半島であった。

当時の韓国は、前年の十一月に第二次日韓協約によって日本の事実上の保護国となったばかりである。第二次日韓協約が締結された翌月の十二月には、韓国統監府が設置された。初代統監の重職を拝命したのが伊藤博文である。

以後、日本は韓国の近代化に尽力したが、当地では抗日運動が活発化。因みに、日本が韓国を保護国としたことに関しては、アメリカもイギリスもロシアもこれを承認している。

そのような状況にある韓国への赴任が、永田にとっての初めての外地勤務となった。永田は、平壌と鎮南浦の間に位置する江西という地に赴き、分遣隊長としての軍務に就いた。

しかし、永田は当地にて体調を崩して入院するなど、この滞在は必ずしも順調とは言えなかったようである。同年九月二日、永田は韓国から、同じ諏訪出身の旧友である岩波茂雄《いわなみしげお》に絵葉書を出している。岩波は後に岩波書店を創立する人物である。

〈小生退院相変わらず、せまくるしき韓人家屋の宿舎に居り候も、本日新市街なる住宅（日本人家屋）に移住、六カ月振りにて畳を踏み、異様の感に打たれ申候〉

歴史の妙味に思えるのは、ちょうどまさにこの時期、後に伊藤博文を暗殺することになるテロリスト・安重根が、永田の駐在地のすぐ近隣の鎮南浦で暮らしていたことである。安重根は鎮南浦で主に米穀などを扱う商店を営んでいたが、彼は日を追うごとに抗日への意識を高めていた。やがて安重根は、抗日武装ゲリラへの参加を決意する。

陸軍としては、朝鮮半島に相応の兵力を配置することでロシアの南下に備えていた訳だが、そんな在韓日本軍を最も悩ましたのが韓国人の過激な抗日武装ゲリラであった。永田が指揮する部隊も、抗日活動の取り締まりを軍務の一つとしていたが、そう考えると永田と安重根という二つの存在が、平壌近郊にて微妙に交錯していたことになる。

その後、西園寺公望内閣（第一次）は、国際情勢を包括的に検討した上で、朝鮮半島に駐留する一部の部隊の撤兵を決定。明治四十年（一九〇七年）の春には、永田の所属する歩兵第五十八連隊も内地に帰還することとなった。

歩兵第五十八連隊は、衛戍《えいじゅ》地である新潟県の高田町（現・上越市）へと戻った。永田は中隊長代理の役を任され、新たな職務に追われるようになった。

同年十二月、永田は陸軍中尉に昇進。彼の双肩にかかる陸軍内の期待は、より大きなものへと膨らんでいた。

陸軍大学校

明治四十一年（一九〇八年）十二月、永田は陸軍大学校（陸大）に入校。二年以上の部隊勤務を経験した尉官級で、連隊長の推薦を得られた者にのみ受験資格が与えられる陸大は、陸軍の参謀や高級将校を養成するための最難関の軍学校であるが、永田はこの狭き門を見事に突破した。

永田は同校の第二十三期生である。

入学時の校長は、日露戦争の折に満州軍総司令部参謀として辣腕を振るった井口省吾であった。

同期生には、陸軍士官学校時代と同じく小畑敏四郎がいた。

その他、敗戦後の東京裁判で終身刑の判決を受け、服役中に獄中死した梅津《うめづ》美治郎《よしじろう》も同期である。明治十五年（一八八二年）生まれの梅津は、大分県中津市の出身。年齢で言うと、永田の二つ上に当たる。

梅津は熊本県中学済々黌（現・済々黌高校）を中退した後、熊本陸軍地方幼年学校、陸軍中央幼年学校、陸軍士官学校を経て、陸軍大学校に入学した。

陸大の受験は多年にわたって浪人する場合が多かったため、永田と陸士で同期だった土肥原賢二は一年遅れの第二十四期、岡村寧次は第二十五期、板垣征四郎は第二十八期となっている。

永田の能力が、如何に卓越したものであったかが、この辺りの経歴からも察せられる。

そんな陸大において、永田の新たな日々が始まった。

東京陸軍地方幼年学校時代からドイツ語を学んできた永田であったが、陸大在学中には新たにロシア語にも挑戦した。

日露戦争は辛くも日本の勝利に終わったが、ロシアがこのまま矛を収めると考えることは困難であった。実際、ロシアは日本への復讐を国家的目標に掲げ、軍事主導体制の確立に向けて邁進していた。

故に、日本陸軍がロシアを仮想敵国としたのは、当然の反応である。来るべき「対ロシア戦」の可能性を、永田も充分に意識していた。そのような背景から、永田はロシア語の習得を本格的に目指し始めたのである。

日本は極めて舵取りの難しい局面に晒されていたが、以上のような渦中において、永田は更なる自己の修養に努めた。陸大在学中の永田について評した言葉に、以下のようなものがある。

〈当年の永田中尉が俊敏抜群の器であった事は言をまたない。ただこの種の逸材として通有の、凡俗を軽んずるような気風は、中尉においては絶対になく、常に人に接する謙譲、礼儀に厚く言々句々肺肝より出で、人をして敬服せしめた。時に諧謔口を衝き、諷刺人を刺すの言動があったが、聞くものをして粛然衿を正さしむるものがあった。真に人の心をとるの『コツ』を得た人であった〉(『秘録　永田鉄山』)

結婚

そんな永田だが、彼は在学中に一度だけ、学校側から処分を受けたことがあったという。

それは、ある日の休憩時間中のことであった。囲碁に夢中になってしまった永田は、授業開始の振鈴に気付くことなく碁石を置き続けていた。そこを校長の井口に見咎められたのである。永田には「軽謹慎二日」の処分が下された。

永田にとって、私生活の面でも大きな転機が訪れた。

陸軍大学校在学中の明治四十二年（一九〇九年）十二月八日、二十五歳の永田は、五つ年下の轟文子《ふみこ》という名の女性と結婚。文子は、永田の母方の従妹に当たる間柄であった。

翌明治四十三年（一九一〇年）十一月、新婚である二人の間に、待望の長男・鉄城《てつじょう》が誕生。永田は第一子の生誕を心から喜んだ。

そんな永田だが、陸大での成績は常に優秀であった。試験が間近に迫った某日、級友たちが懸命に試験課目に取り組む中で、永田は一人、悠々と課目外の中国語の勉強をしていたという。それを見た小畑敏四郎が、

「俺たちが惨めすぎるから、せめて勉強のマネでもしてくれないか」

と永田に懇願したという逸話が残っている。

明治四十四年（一九一一年）十一月二十九日、永田は陸軍大学校を卒業。当時、陸大では成績優等の六人にのみ恩賜の軍刀が授与されたが、永田は二番目の順位でその栄誉に浴した。首

席は梅津美治郎である。小畑は第六位であった。

栄えある卒業者には、胸部に菊花と星章を象った「陸軍大学校卒業徽章」が寄与された。この徽章が、江戸期の天保通宝に相似していたことから、同校の卒業生は「天保銭組」と呼称された。片や、陸大を出ていない将校は「無天」と揶揄され、両者の確執が無用な摩擦に繋がることも少なくなかった。

迚《とて》も斯くても、「天保銭組」となった永田にとって、この時期は公私ともに順風満帆な季節であったと言えるであろう。

いよいよ永田が、飛躍の時を迎えようとしている。

第三章　国防への意識

教育総監部

陸軍大学校を卒業した永田は、新潟県の歩兵第五十八連隊に復帰する。

明治四十五年（一九一二年）五月には、教育総監部附勤務を拝命。東京に戻り、軍隊教育に関する職務を任されることになった。

教育総監部は、陸軍における教育統轄機関である。その歴史は古く、明治二十年（一八八七年）に設置された「監軍」がその前身に相当する。

麴町区（現・千代田区）にある教育総監部の第一課が、永田の新たな職場となった。当時の教育総監は、日露戦争時に近衛師団長として活躍し、その功績により華族に列せられた経歴を持つ浅田信興《のぶおき》である。

そんな教育総監部において、永田が実務者として最初に担当したのが、「軍隊教育令」の制定に関する仕事であった。

日露戦争を経た日本は、それまでの軍隊教育を抜本的に見直す必要性に直面していたが、軍隊教育令の制定はその改革の本丸であった。従来の陸軍にも、各種の典範令などは存在していたが、それらを総合的に体系化した「教育訓練の枠組み」となるような基本法が、未だ確立されていなかったのである。

当時の陸軍では、兵士による暴行事件、収賄、集団脱営といった不祥事が相次ぐなど「軍紀の弛緩」が問題となっていた。日露戦争に勝利したことによって、それまでの緊迫感が稀薄となり、目標を喪失したような雰囲気が俄に表出していたのである。軍上層部はこのような風潮への対応を急いだ。

永田は主任という立場で、この法令の起草に尽力した。三十歳の手前という年齢でこの大役を委ねられたことは、抜擢とも言える人事であった。


軍隊教育令の制定という難題に取り組むに際して、永田の構想の根幹には「国民の国防意識を如何にして高めるべきか」という重要な問題意識があった。

日露戦争後の日本社会には、それまでの伝統的な規律や規範を軽視するような個人主義、物質主義が拡大していた。戦後の解放感は「軍人軽視」や「軍事アレルギー」へと繋がった。陸軍が起こす不祥事は、このような時流を加速させた。

しかし、日本を取り巻く外圧が小さくなった訳ではなかった。そんな局面において、永田は「国軍の意義」を国民に相応に理解させるための教育方法の確立を思惟したのである。

換言すれば、「軍」と「民」の距離を適切に近付けることが、国難の渦中にある日本が採るべき最良の体制であると彼は潜考したのであった。

斯様な国防観は、永田の「思想の支柱」とも言うべき部分である。

軍令陸第一号の制定

明治帝の崩御により、時代は大正へと移り変わる。

大正元年（一九一二年）十一月、永田家に長女となる松子が誕生。これで永田は、一男一女に恵まれたことになる。

永田が主任として手掛けた軍隊教育令は、大正二年（一九一三年）二月五日、「軍令陸第一号」として公式に制定されるに至った。この場合の軍令とは、司令部をはじめとする主要機関の官制や、軍の編成などを定めるものである。軍令は閣議や帝国議会を通す必要がない。

そんな軍令における陸軍個別の第一号として、軍隊教育令は制定された。その冒頭の「綱領」は、次のような文章から始まる。

〈軍隊教育ノ目的ハ軍人及軍隊ヲ訓練シテ戦争ノ任ニ当ラシムルニ在リ〉

「綱領」の中には、永田らしい名文調の文言もあって興味深い。

〈夫レ生ヲ棄テ義ヲ取リ恥ヲ知リ名ヲ惜ミ責任ヲ重ンシ艱苦《かんく》ニ堪ヘ奮テ国難ニ赴キ悦ンテ任務ニ斃ルルハ軍人ノ特性ニシテ我国民ノ古来継承尊重セル大和魂ナリ〉

「綱領」の後には、「総則」「一般教育」「特業教育」「特別教育」「勤務演習教育」「検閲及講評」という六つの篇が続く。

「総則」の「第八」は、以下のように記されている。教育論として、現在にも通ずる内容であると思われる。

〈教育ハ指教《しきよう》ト薫陶トヲ兼ネ被教育者素養ノ程度、資性ノ如何ヲ斟酌シテ或ハ啓発的ニ或ハ注入的ニ満腔ノ熱誠ト懇切トヲ以テ之ヲ施シ且教育者ハ常ニ率先躬行《きゆうこう》シ被教育者ヲシテ衷心悦シテ教訓、指導ヲ受ケシメ以テ学術ノ発達ト心性ノ修養トヲ全クセシムルヲ要ス〉

「指教」は文字通り「指し示して教えること」、また、「躬行」とは「自分から実際に行うこと」を表す。

この軍令陸第一号の制定こそ、永田が軍中央において手掛けた最初の重要任務であった。教育総監部本部長の本郷房太郎《ほんごうふさたろう》は、その理路整然とした教育令の中身を激賞。永田は充分に周囲の期待に応え、その才能と実力を上層部に認知させたのであった。本郷はその後、永田を重用していくことになる。

本郷と言えば、後に第一師団長や青島守備軍司令官などを歴任する人物である。

そんな本郷に、永田はまず見出だされた。これを以て、永田は軍中央でのキャリアを本格的に歩み出したと言えよう。

この軍令陸第一号は以降、部分的な改正は加えられながらも、その基本的な大綱としての概要は終戦時まで存続されることになる。

以上のように、一つの大任を見事に遂行した永田であったが、この直後、私生活の面においては不幸が相次いだ。

まず、諏訪から上京して以来、ずっと世話になってきた「父代わり」の異母兄である十寸穂が急逝。永田の陸軍への歩みを大いに助けた腹違いの兄は、歩兵中佐の軍歴でその生涯を閉じた。

更には、母・順子が胃癌に侵されていることが判明。実はこの時期、永田は近くドイツへ赴任することが内定していたのだが、「死に目には会えそうもない」のは、容易に想像が付いた。若き日からドイツ語を学んできた永田にとって、渡独は長年の宿願であった。しかし、その出発は深い憂慮を含んだものになりそうであった。

ドイツへの赴任

大正二年八月、永田は陸軍大尉に昇進。

十一月、永田は軍事研究員という立場で、ドイツに向けて出発した。病床の母に別れを告げてからの出立であった。

このドイツ駐在が、彼にとって初めての渡欧である。

永田はまず、下関から朝鮮半島の釜山へと連絡船で渡り、以降、列車を乗り継いで中ソ国境の町である満州里に到着。そこから、シベリア鉄道経由でドイツへと向かった。永田はこの長旅を通じて、ロシアという国家の広大さに震撼したという。

モスクワからポーランドの首都・ワルシャワを経て、漸くドイツに辿り着いた永田は、一カ月ほどベルリンに滞在した。

永田にとって初めてとなる西洋社会での生活であったが、彼には筆まめな一面があり、祖国の家族には頻繁に手紙を書き送った。病身の母への憂いも募っていたことであろう。

ベルリンで生まれて初めて自動車に乗った永田は、その感動をこう伝えた。

〈アスファルトの上を疾駆。気分は得も言われず〉

東京の家族にとっても、異国から届く手紙は大いなる喜びであった。

大尉時代の永田
『秘録　永田鉄山』（芙蓉書房）より

その後、永田はドイツの中央部に位置するエルフルト（エアフルト）に駐在した。

エルフルトは交通の要衝として古くから栄えた街で、中世の建造物が多く残る美しい都市である。十六世紀初頭に、マルティン・ルターがこの街の大学で学んだことでも、欧州史に名を刻んでいる。

そんな歴史ある土地で、永田はドイツ語の一層の習得に努めながら、欧州情勢についての最新の情報を収集する毎日を送った。

年が明けて大正三年（一九一四年）となっても、永田はドイツの地での軍務に専念していた。ヨーロッパの最先端の軍事学に関する研究は、日本の今後の国防を考える上で極めて重要な作業であった。

そんな折りである。同年六月、オーストリア＝ハンガリー帝国の皇位継承者であるフランツ・フェルディナント大公夫妻が、ボスニアの首都・サラエボにおいてセルビア人の青年に銃殺されるという事件が発生。これを契機として、各国の軍部は総動員を発令し、瞬く間に巨大な国家間戦争へと拡大したのであった。第一次世界大戦の勃発である。

イギリスと同盟関係を構築していた日本は、ドイツとは自動的に敵対関係となったため、永田の元にも急遽、帰国命令が出された。

慌ただしくドイツを出国した永田は、オランダを経てイギリスに入国。激動の国際情勢が、永田の人生にも大きな影響を及ぼしたのである。

そんなイギリスの地で、永田は一つの悲報に触れた。

母・順子の逝去である。

永田は多忙な日々の中でも、常に母親の病状を案じていたが、帰国寸前のロンドンにおいて、その忌むべき訃報に接したのだった。

順子が亡くなったのは、同年九月二十四日のことである。

永田は往路と同じシベリア鉄道経由で、十一月に帰朝。

帰国後、速やかに母の霊前に合掌する永田であった。

永田家の墓地

永田順子の墓は、長野県諏訪市の愛宕山地蔵寺にある。

地蔵寺は信濃国諏訪藩祈願所としての由緒を持ち、その庭園は現在、「日本百名庭園」の一つにも指定されている。宗派は曹洞宗である。

本堂の脇から延びる細い小道を抜け、急な山の斜面を上っていくと、木立の中に多くの墓石が並んでいた。その中に、永田家代々の墓地もあった。

「永田順子之墓」と刻まれた細長い墓石の側面には、「大正三年九月二十四日没」と記されている。

その脇には「鐵山建之」の文字も判読できた。欧州から帰国した永田が、母を偲んでこの墓碑を建てたことが推察できる。

鉄山の父である志解理の墓碑も、すぐ隣に並んでいた。

志解理と順子の墓碑を含め、周囲には永田家の墓として六基の墓石が立っている。

墓地を前にして背後を振り返ると、青碧に輝く諏訪湖の湖面の一部が目に入った。

考えてみると、永田の生家の裏に聳える手長神社の境内からも、角度は違えど同じ諏訪湖の湖面を眺めることができた。永田の生涯とは、諏訪湖を一つの中心点として、東京、そして欧州へと弧を描くようにして広がっていったようにも見える。

墓地から本堂に戻り、名立たる庭園を鑑賞させていただきながら、篠崎知足住職にお話を伺った。

「こちらにお墓があるということは、永田家の宗派が曹洞宗だったということでしょうか」

「この寺は諏訪藩の祈願所でしたから、曹洞宗の信徒だけでなく、藩に貢献のあった方々が広く祀られています。そういった意味では、永田家が曹洞宗であったかどうかは確言できません。おそらく、永田家の〈菩提寺〉ではなく、〈墓檀家〉といったことであったろうと思います」

この寺の建立は天正十二年（一五八四年）にまで遡るが、当時は別の地に建てられており、諏訪藩祈願所としてこの場所に移転したのは元禄二年（一六八九年）のことだという。

江戸初期に流行した庭園様式である「池泉鑑賞兼廻遊式」の放生池の鯉が勢い良く跳ねる。この庭園の鯉の美しさは殊に評判が高く、「鯉の寺」の愛称でも親しまれ、「鯉」と「恋」の連想から「恋愛成就」を願う参拝者の姿も少なくない。

一方、永田家の墓の存在を知る者は殆どいない。

住職は少し淋しそうにこう話を継ぐ。

「今では、永田さんのお墓にお参りに来る方はいません。これまで何とか管理を続けてきましたが、今後の維持のことを考えると不安もあります」

木々の緑を背景として、錦鯉がもう一度、水面に波紋を作った。

既に多くの歳月が流れ過ぎている。

意外な一面

第一次世界大戦の勃発により、赴任先のドイツから心ならずも帰国した永田であったが、彼はその後の大正四年（一九一五年）三月、陸軍省俘虜情報局に転属となった。

その在任中、愛媛県松山市にあったドイツ軍俘虜収容所の視察に赴いた時のことである。永田らは道後温泉の旅館に寄宿していたが、帰京する前に収容所側の主催による慰労会が開かれたという。

この宴席に参加していた一人である侘美浩《たくみひろし》が、永田の意外な一面を以下のように記している。侘美は後の大東亜戦争時に、コタバル上陸作戦を指揮したことで知られる人物である。

〈何れも酒豪ばかりで随分飲んで皆大変酔って仕舞ったのに将軍（著者註・永田）は一向に酔った気配も見せず、更に大杯で一献乾して素裸になり、かくし芸だとて腹に墨で達磨の絵を描き、満堂を爆笑させられた。そして翌早朝は謹厳そのものの如く颯爽と帰任された〉（『陸軍中将永田鉄山小伝』）

本務中には常に怜悧で冷静沈着であったという永田にも、こんな人間味溢れる側面があったのである。永田のことを「実はユーモアのある人だった」「明るい面もあった」などと称する証言は、他にも幾つか存在する。永田は「真面目一辺倒」の面白みに欠けた人物ではなかったと言っていいであろう。

無論、軍務の面では、この松山訪問時にも俘虜たちの意見をよく聞き、その要求を適確に満たしたため、収容所側から頗る喜ばれたという。

それにしても、永田にそんな「かくし芸」があったとは、重ねて意外な感に打たれる。

スウェーデンへの赴任

大正四年六月、永田はデンマーク駐在を拝命。尚も大戦が続くヨーロッパにおいて、改めて軍事分野の研究に取り組むこととなった。当初、短期戦が想定されたこの戦争だったが、実際には泥沼の長期戦の様相を呈していた。

この大戦時、デンマークは中立国であった。赴任先にこの小国が選ばれたのも、そのためである。

七月に東京を出発した永田は、まず満州の各都市を歴訪。その後、二年前と同じくシベリア鉄道の客となった。

八月には、ペトログラードにて、旧友の小畑敏四郎と合流。この当時、小畑はロシア駐在武官であった。永田はペトログラードに着いてすぐに高熱を出したが、小畑がつきっきりで看病したという。

デンマークの首都・コペンハーゲンに永田が到着したのは、九月三日のことである。

到着から十日後の九月十三日、永田は早速、旧友の岩波茂雄に絵葉書を寄せた。その文面には「語学教師も選定も終り」「やっと落ち着き」といった言葉が並んでいる。

ところが、あくまでも中立を維持したいデンマーク側が、ドイツと敵対関係にある日本の武官の受け入れに難色を示すようになった。そこで永田は、十一月に已むなくスウェーデンに移動。結局、同国の首都・ストックホルムに駐留することになった。

永田は、この北欧の地から、淡々と戦況の分析に集中した。

但し、スウェーデンも中立を宣言しており、直接の交戦国ではない。よって、当地では実際の戦闘などはなく、永田としては比較的、穏やかな時間を送ることができたようである。永田は戦況分析の傍ら、休日にはスキーやスケート、テニスなどで汗を流すこともあったという。

総動員体制の研究

スウェーデンでの滞在中、永田が特に傾注して研究した一つの事案がある。

それは、この未曾有の規模にまで拡大した大戦を通じて、欧州各国が国内で確立しつつある「総動員体制」についてであった。

即ち、有事となった場合には、軍隊だけが動くのではなく、工業生産や交通、財政、教育など、国内のすべての要素を戦争に動員するという「新たな戦争の形」に永田は着目し、脅威を覚えたのである。

それまでは、日本を含め「戦争は軍隊がやるもの」でしかなかった。しかし、欧州ではこの大戦を機に「戦争は国家全体でやる」という新たな価値観が根付き、それが早くも実践に移されていた。そのことを知悉した永田は、祖国の将来に深甚なる危惧を抱いたのである。

この大戦では、戦車や航空機といった多くの新兵器が次々と投入されていた。これらの兵器の多寡が戦場の勝敗を大きく分けており、こうした面を考慮すると、工業生産分野の充実が国家の命運を決定的に左右することは、容易に想像が付いた。

然して、工業生産を担うのは、軍人ではなく一般の庶民である。

つまり、戦争の雌雄を決する要因として、「庶民を如何に効率よく動員するか」という課題の解決が今後は最も重要になってくるはずであり、「いくら軍人だけを教育しても、これからの戦争には対処できない」と永田は強く認識したのであった。

戦争の体系が著しく変化している様子を目の当たりにした永田は、これが冷酷なる「近代戦争の形状」であることを深く理解したのである。近代戦争とは「総動員体制」「国民の戦争」を意味するという現実の把握であった。

永田は総動員体制について、こう記している。

〈往時のごとく単に平時軍備に加うるに、軍動員計画をもって戦時武力を構成し、これを運用したのみでは、現代国防の目的は達せられない〉

彼は次のようにも述べる。

〈換言すれば、国家総動員の準備計画なくしては、現代の国防は完全に成立しないのである〉

日本でもこのような「総動員体制」を早急に構築しなければ、国家の安寧を維持することは極めて困難であるという結論を、永田は第一次世界大戦の教訓として導き出したのであった。以降、永田は陸軍内において「総動員体制」に関する研究と実務の中心的な役割を担っていく存在になるのである。

臨時軍事調査委員会委員

大正六年（一九一七年）には、ロシア革命が勃発。三月十五日（ユリウス暦三月二日）、ロシア皇帝・ニコライ二世は退位に追い込まれた。

ロシアの激震は、その後の世界史に多大な影響を及ぼしていく。

十月、永田は約二年にわたったスウェーデンでの生活を終えて帰国。第一次世界大戦は尚も続いていたが、永田はとりあえず日本へと戻った。

十一月からは、教育総監部附として臨時軍事調査委員会の委員に就任。臨時軍事調査委員会とは、「今回の大戦に対するヨーロッパ各国の戦時体制を教訓として、日本の軍隊の改善を図る」ことを目的として、陸軍省内に新たに発足した臨時の組織である。

ここで永田は、「総動員体制」の重要性を各方面に説く役回りとなった。

かといって、永田は決して独走することなく、国民の権利や議会政治への配慮も怠らなかった。「民主主義」と「総動員体制」の両立の道を如何にして実現すべきか、永田は様々な側面から周到に研究したのである。この頃の永田の口癖は、

「すべて物事は、大所高所より達観すべきである」

という言葉であった。

それでは、永田が描く「総動員体制」の「動員」とは、具体的にはどのような事例を指し示すのであろうか。

例えば、永田は「国民動員」として、「人員を有効に配置すること」を主張する。永田は、女性の労働力を活用するため「託児所の設立」の必要性を指摘した。

これは、まさに現代の議論にも通じるような話で興味深い。

また、永田は「産業動員」に関して、工業製品の大量生産を可能にするための「規格統一」の重要性を強調。このことも、戦後日本の復興期の歩みと重なる部分がある。

即ち、永田は軍隊組織の改革にのみ注力したのではなく、近代国家としての日本のあるべき全体像を重層的に熟思していたのであった。「総動員体制」の実現のためには、兵士や武器に関する体系の改革だけでは不十分だと看破した結果である。

そして、平時における普段からの備えこそが、国民の平穏な生活を護ることに直結すると永

田は信じた。
（戦争になってから慌てたのでは遅い）
永田の固い信念である。

部下とのつきあい方

永田は、高い理想は掲げるものの、単純な理想主義者ではなく、あくまでも合理的で理知的な性格であった。闇雲に県民性に解答を求めるつもりはないが、合理主義という点では典型的な信州人と言えるのかもしれない。

この頃になると、部下の数も増えた。

部下からの報告に関しては、理屈の通らない部分があると徹底的に細部まで修正させた。しかし、その態度は上からの一方的な指導ではなく、部下の意見を聞きながら縦横に議論を尽くし、充分に納得させた上で結論を導くというものであった。

それは確かに厳格な指導ではあったが、同時に永田には面倒見の良い一面もあり、そのため部下からの信頼は常に厚いものがあった。永田は部下たちともよく酒を呑み、彼らの悩みや相談にも親身になって対応したという。

そんな永田が、生涯を通じて好んだ言葉の一つが「公正」であった。

大正七年（一九一八年）の夏に起きた米騒動の際には、現在で言う「家族手当」のような制度を設けるため、給与形態の改正を行う必要性について具申している。

以下は余談に近いが、永田のトレードマークとも言える「丸眼鏡」を、彼はこの大尉時代まで使用していない。眼鏡自体をかけておらず、それによって端正な顔立ちのよく分かる写真が何枚か残っている。

大正八年（一九一九年）四月、永田は陸軍少佐に昇進。彼が眼鏡をかけ始めたのは、この頃からだったと思われる。

第一次世界大戦の終焉

世界中を揺るがした第一次世界大戦が終結したのは、大正七年十一月のことであった。

当初は短期戦を想定して始まったこの戦争だったが、戦線の拡大に歯止めがかからず、終わってみれば四年余にも及ぶ大戦となった。

犠牲者の数は、戦闘員の戦死者・約九百万人、非戦闘員の死者・約一千万人、負傷者は二千二百万人以上と推定されている。

日本は戦勝国となったが、永田は危機感を以てこの大戦の結果を分析した。世間には「この経験を得た国際社会に、二度と大きな戦争は起こらない」とする楽観論も広がっていた。

しかし、永田はこの終戦を「一時的な停戦」と認識。国際情勢の輪郭を冷静に俯瞰すれば、近い将来、再び大きな戦争が起こる蓋然性は極めて高いと永田は判じたのである。

そして、その来るべき戦争の形態は、必ず総動員体制を基盤とした「総力戦」になるであろうと予測。

（日本を総力戦を戦える国にしなければならない）

永田の胸中に強い危機意識が膨らんでいた。

「総力戦」という言葉が広く一般的に定着したのは、ドイツの軍人であるエーリヒ・ルーデンドルフが『国家総力戦』を著した一九三五年以降だが、同義の構想はカール・フォン・クラウゼヴィッツが十九世紀に示した絶対戦争理論の中に既出している。「総力戦」という概念に日本の軍人で最も早く注目したのが永田であった。

無論、永田とて戦争を好んでいた訳ではない。寧ろ、その悲惨さは欧州滞在の経験を通じて、誰よりも深く理解していた。永田は戦争を厭うからこそ、軍事に関する研究や分析を重ね、準備の肝要なることを繰り返し説いたのである。

第一次世界大戦後、アメリカのウッドロウ・ウィルソン大統領の提唱により、国際連盟が発足。国際社会が結束して平和を模索するという新たな体制の構築が謳われた。

だが、永田はこうした動向に懐疑的であった。いくら美辞麗句を並べても、国際連盟の実態は「欧米にとって都合の良い組織」でしかあり得ず、そうした矛盾はいつか必ず噴出するであろうと永田は見据えていた。

現代においても同様であるが、如何なる国家であっても自国の国益を優先するのは必定であり、国際社会を理解する際に「性善説」など障壁にしかならない。

だからこそ、永田は自分たちの手による国防の重要性を、国民全体でしっかりと議論し、共有したいと切に願うのであった。

三度目の渡欧

大正九年（一九二〇年）九月、永田は三度目となる渡欧を命ぜられた。オーストリアの首都・ウィーンに駐在する予定である。大戦終結以降の欧州における地殻変動を分析するという重要な役目が、永田に課せられたのであった。

前回の二度の渡欧はシベリア鉄道を使っての移動であったが、この時はインド洋経由の船旅となった。船には、若き頃からの盟友である小畑敏四郎も同乗していた。

十月二十五日、一行はフランスのマルセイユに到着。永田は大戦の傷跡深い各地の情勢を視察しながら、十一月十三日にウィーンに入った。

一九一八年にオーストリア＝ハンガリー帝国が解体となり、敗戦国に堕していたオーストリアは、国家の危機的な状況にあった。

物価の高騰など、民衆の生活はひどく困窮していた。永田はこの渡欧に際し、諏訪時代からの旧友であり、気象学の分野で成功していた藤原咲平から、オーストリアの気象学者への義援金を託されていた。

永田は当地の学者を支援するための晩餐会を開催。しかし、実績ある著名な学者たちが、料理の残りものを自宅に持ち帰る姿を見て、永田はひどく心を痛めた。

（日本をこのような国家にしてはいけない）

敗戦国の悲惨を痛感した永田であった。

先にも記した通り、永田は日露戦争で実際の戦場を経験していない。以下は一つの仮定に過ぎないが、そんな経歴はエリート官僚である永田にとって一つの「引け目」となっていたのではないだろうか。永田の心中には欧州での滞在を通じて、そんな自らの感情を補完しようという思いがあったのかもしれない。永田が欧州において第一次世界大戦に関する研究に没頭した背景には、斯かる土壌も存在したように思える。

ウィーンにおいて主に総動員体制の研究を続けた永田であったが、激務の影響であろう、体調を崩して已むなくサナトリウムに入院した時期もあった。

大正十年（一九二一年）六月、永田はスイス公使館附武官を拝命。七月、ウィーンからスイスの首都・ベルンに移動した。

スイスは一八一五年のウィーン会議最終議定書締結から、永世中立国としての立場を維持していた。しかし、それは「非武装中立」ではなく、「武装独立」の枠組みを基底として成立した国家の形態であった。国民の国防意識は極めて高く、永田はこのような社会の構造に総動員体制の一つの理想形を見出したと思われる。

スイスに落ち着いてからは、体調も恢復。雄大なヨーロッパアルプスの山並みを眺めながら、故郷の南アルプスの景趣を懐古したこともあったに違いない。

バーデン＝バーデンの密約

大正十年（一九二一年）十月、永田と小畑敏四郎、岡村寧次という陸軍士官学校第十六期の三人の同期生たちが、ドイツ南部の温泉保養地「バーデン＝バーデン」の地に集まった。

当時、小畑はロシア駐在武官、岡村は欧州出張中の身であった。

実は、この三人は以前から「陸軍の立て直し」に向けて、小畑の自宅などで勉強会を開いていた。この勉強会には、陸士の一期下に当たる東條英機も頻繁に顔を出していたという。

小畑敏四郎
（須山幸雄『作戦の鬼　小畑敏四郎』〔芙蓉書房〕より）

岡村寧次

「バーデン＝バーデン」での会合も、その延長線上にあったと考えられる。後に袂を分つことになる永田と小畑だが、この頃は蜜月関係にあった。

「バーデン」とはドイツ語で「温泉」「入浴」といった意味である。英語の「バス（Bath）」と相関があるのであろう。

永田はこの時、三十七歳。

岡村が十月二十七日に記した日記には、以下のような記述が見られる。

〈小畑と共に出て伯林《ベルリン》発（略）午後一〇時五〇分バーデン・バーデン着　永田と固き握手をなし三名共第一流ホテルステファニーに投宿快談一時に及び隣客より小言を言われて就寝す〉

（『支那派遣軍総司令官　岡村寧次大将』）

深夜の熱き議論が、他の宿泊客の不興を買ったようである。

三人はこのバーデン＝バーデンの地において、今後の陸軍のあるべき姿について忌憚なき意見の交換を重ねた。

翌二十八日には、当時、ベルリンに滞在していた東條英機も合流。東條はこの機会を通じ、永田への敬慕をより強くしたという。

彼らに共通する心情とは、第一次世界大戦を通じて著しい近代化を遂げた欧米各国の軍隊に比し、日本の陸軍が「大戦以前の水準にある」という現実への強烈な焦燥と危機感であった。

また、彼らは「陸軍が国民から乖離している」という現状への憂慮から、その改善に努める道を模索しようと考えていた。戦後、岡村はこのバーデン＝バーデンでの議論のことを、こう回顧している。

〈まだ血の気の多かった私共は、欧州の軍事現状を視察し、母国を顧みて、陸軍が国民と離れているのを慨き、陸軍を「国民と共に」の方向に転進させなければならないと痛感したのであった〉（『陸軍中将永田鉄山小伝』）

「国民と共にある陸軍」をどうしたら実現できるのか。次世代の陸軍を担う彼らは、各々の所論を率直に開陳し合った。

その中で、具体的な議題は幾つかに絞られた。

まず、一つには「軍の近代化」だが、この文脈の中で改めて論じられたのが「国家総動員体制の確立」である。

永田は欧州での豊富な滞在経験を通じ、第一次世界大戦における総力戦の内実について理解を深めていた。永田は、エーリヒ・ルーデンドルフの思想を殊に研究し、「平和とは二つの戦争に挟まれた休戦期間に過ぎない」「全ての手段は、戦争指導に従属させるべし」といった言葉を悉《ことごと》く吸収していた。

即ち、近い将来に起こり得る新たな戦争も、必ずや総力戦になるという確信への収斂である。因みに、「国家総動員」という日本語自体、永田の造語であったとも言われている。

二つ目に「人事の刷新」である。陸軍には「藩閥」の構造が根強く残っており、中でも「長州閥」は厳然たる力を有していた。

明治以来、維新を主導した薩摩・長州・土佐・肥前の四藩が、政府や陸海軍において形成したのが「藩閥」である。その後、征韓論の政変で土佐閥、明治十四年の政変で肥前閥が失墜。

薩摩も徐々にその勢力を狭めた。以降、長州閥が要職を独占する状態が続いた。

そんな長州閥の絶対的な優位性は、大正期に入ってから徐々に衰えつつあったものの、未だ残存していたのである。そのような前時代的な寡頭制に永田らは危惧を抱き、出身地域による派閥の解消への方針を確認し合ったのであった。

改めて記すが、永田は長野県の生まれ、小畑は高知県、岡村と東條は東京府の出身である。東條の家は盛岡藩に仕えた家系であったが、父・英教は上京して陸軍教導団に入隊。その後、陸軍大学校（第一期）を首席で卒業した。その英才ぶりは陸軍内でも有名となったが、「藩閥の弊害」を指摘したことにより、長州閥によって冷遇される憂き目を見た。英教は陸軍中将でその軍歴を終えたが、「大将になれなかったのは長州閥に睨まれたことが原因」と後々まで恨み、自らの挫折の経験を息子・英機に伝えたという。以上のような背景から、東條は長州閥に対して強い怨恨を有していた。

東條英機

永田自身は、長州閥への私怨などはなかった。永田が憂慮していたのは、派閥が組織に齎《もたら》す弊害という一点に尽きる。
このことは、彼が後に辿ることになる足跡を顧みると、極めて皮肉に映る。

永田らは「非長州系である真崎甚三郎《まさきじんざぶろう》や荒木貞夫《あらきさだお》らの擁立」という具体的な目標を掲げた。真崎は佐賀県、荒木は東京府の出身であった。

永田や小畑らは更に、「満蒙問題の解決」についても、積極的な議論を交わした。

この時の永田らの結集は、「バーデン＝バーデンの密約」という呼称で歴史に記録されている。後の東京裁判の際には、検察側がこの盟約の存在を取り上げ、「陸軍独裁への端緒」として糾弾した。しかし、このような一方的な見方は、極めて皮相的であり恣意的でもある。

但し、この盟約で確認された複数の事項が、後の陸軍の方向性に少なからず影響を与えたことは事実である。

スイスからの手紙

「バーデン＝バーデンの密約」の後、スイスに戻った永田は、再び総動員体制に関する分析に専念した。

スイス滞在中、永田は家族に頻繁に書翰を送っている。長女の松子には、次のような手紙を綴った。

〈「アルプス」ノ山ノ中へ来テ居マス。宿屋ガ一軒アルダケデ中房温泉ニヨク似テ居マス　シカシ温泉ハアリマセン。牧場ノ中ヲ毎日散歩シタリ山ノボリヲシタリシテ身体ヲキタヘテ居マス。天気ガアンマリヨクナイノデ寒クテコマル日ガアリマス。牧場ニハ牛ヤ山羊ガタクサン居テ中々愉快デス〉

永田が記した「中房温泉」とは、日本アルプスの中腹にある信州の秘湯である。中房温泉に残存する資料によると、大正七年（一九一八年）に「永田鉄山氏　御来湯」という記録がある。大正七年と言うと、永田が教育総監部附だった時期に当たる。おそらく、家族と共に故郷・諏訪から遠くない中房温泉を訪れたのであろう。スイスの地において、そんな旅の記憶を反芻していた永田の横顔が浮かぶ。

のみならず、永田はその生涯を通じ、家族を大切にした。手紙に加えて、長男の鉄城にはヨーロッパで人気のメカノ社製のミニカー、松子には西洋人形をプレゼントとして郵送したこともあった。

しかし、実はこの時期、鉄城は足に大病を患い、歩行に不自由が生じるほどの状態にまで陥っていた。異国でこの事実を知った永田が、深刻な衝撃を受けたことは言うまでもない。

大正十二年（一九二三年）四月、スイスでの軍務を終えた永田は、アメリカ経由で帰朝。経由地のアメリカでは、その強大な国力に驚嘆を禁じ得なかったという。

大正デモクラシー

日本に帰国した永田は、家族との再会を喜んだ。足を悪くした鉄城であったが、命に別状はないということだった。

家族団欒の時間には、トランプやカロムをして子どもたちとよく遊んだという。カロムとは、ビリヤードに似た盤上ゲームの一種で、当時の日本では「闘球盤」「投球盤」などと呼ばれて親しまれていた。

永田の次の配属先を巡っては、参謀本部と教育総監部の間で、人事の綱引きがあったようである。結句、参謀本部が「国家のため永田を教育総監部に譲った」と言われている。斯くして、永田は教育総監部に復帰。第一課の高級課員として、以前より尽力してきた軍隊教育に関する軍務に改めて就いた。近代戦への準備の基礎を構築するためには、極めて肝要な仕事である。

教育総監部本部長は、宇垣一成《うがきかずしげ》であった。

宇垣は慶応四年(一八六八年)六月二十一日、備前国磐梨《いわなし》郡(現・岡山県岡山市)の生まれ。農家の家系である。

上京して成城学校を経た後、陸軍に入隊。軍曹に昇進してから、陸軍士官学校の第一期生となった。その後、陸軍大学校を卒業し、ドイツに駐在。帰国後は、参謀本部第一部長、第十師団長などを歴任した。

永田はそんな宇垣の下で、軍務に励むこととなった。

だが、時代は「大正デモクラシー」の最中である。軍にとっては強い「逆風」と言えた。政党も報道機関も、とりわけ陸軍に対しては一貫して厳しい目を向けていた。国際的な潮流にもなっていた「軍縮」への動きは、日本国内でも同様であった。それまで拡大の一途を辿ってきた軍事費が、日本の国家財政を大きく疲弊させていたのは確かに事実である。

軍に対する民衆の視線は、総じて辛辣であった。街中で軍人に暴言が浴びせられるといった事例が蔓延する中で、陸軍省や参謀本部に勤務する軍官僚たちの中には、軍服の着用を嫌がって背広姿で通勤する者さえ出る始末であった。

「軍人蔑視」の世相である。

そんな中、加藤友三郎内閣の陸軍大臣・山梨半造による「山梨軍縮」が断行され、多くの軍人が馘首された。大正十一年から十二年にかけて実施されたこの軍縮によって、約千八百人の将兵、約五万六千人もの准士官以下の兵卒が削減されたのである。

しかし、日本を取り巻く周囲の情勢に目を配れば、安全保障上の不安定要素は取り除かれるどころか、日に日に増しているような状況であった。殊に、革命を経てロシアから変遷したソビエト社会主義共和国連邦の脅威は、看過できない局面にあった。

にも拘らず、大規模な軍縮へと舵を切る日本の潮流に、永田は深い憂慮を覚えていた。

即ち、永田が主唱していた「総動員体制の確立」「国民と共にある陸軍」「軍民一致」といった信条の数々は、いずれも世論の逆を行くものだったのである。

スイスとの比較

永田が唱える「軍民一致」とは、聞きようによっては剣呑な表現に受け取られるかもしれない。

しかし、これこそが「軍部独裁」ではなく「デモクラシー時代の軍隊のあるべき姿」であると永田は定義していた。寧ろ、「国防を一部の軍人だけが担う」という体制こそ、軍事力が暴走する危険性を内包するのであり、「国防は国民全体で行う」という国家の形が実は最も「民主的」なのだと永田は説くのである。

これが彼の考える「公正」でもある。

永田が長きにわたる欧州滞在で痛感した事柄の一つに、「ヨーロッパ国民の国防に対する意識の高さ」があった。

それに比して日本では、大正デモクラシーという耳触りの良い流行の中で、「軍人が石を投げられる」ような風潮さえ広がっていた。国民の国防意識をどうすれば高めることができるのか、永田は深く苦悩した。

誤解を恐れずに言えば、このような動静の基盤は、現代社会にも通じる側面があろう。「国防を他人任せ」のように考える日本国民の声は、今も珍しくない。

戦後の日本社会において、安易な「平和主義」を鼓吹する層の中には、永世中立国であるスイスの例を持ち出して国防を語る者が少なからずいる。しかし、実際のスイスは「非武装中立」ではない。

現今のスイスは「有事の際には、焦土作戦も辞さない」という国家意志を明確に表明している。国民皆兵が国是であり、徴兵制度が採用されている。男性の大半が予備役軍人であるため、多くの家庭で自動小銃が管理されている。

狭い国土の各所には、岩山をくり抜いて建設された軍事基地が張り巡らされ、国境地帯の橋やトンネルには、有事の際に国境を封鎖する目的から、解体処分用の爆薬を差し込む設備が整えられている。二〇〇六年までは、家屋の建築時に核シェルターを設置することも義務づけられていた。

以上のような国防体制は、抑止力としても大きな効果を発揮している。スイスに存する美景と秩序は、こうした国防体制を土台として守られている。

而して、斯かる国家の形こそ、永田が唱えた「軍民一致」の正体だったのではないだろうか。スイスは戦前から「非武装中立」ではなく「武装中立」であったが、この国に駐在した経験を持つ永田が、こうした姿に自らの理想を重ね合わせたとしても何ら不思議ではない。

永田の「総動員体制」という思想の内実を理解するための手掛かりは、スイスの国防体制にあると思われる。

陸軍大学教官

大正十二年（一九二三年）八月、永田は陸軍中佐に昇進した。

それから間もない九月一日、日本は未曾有の天災に見舞われた。関東大震災の発生である。

現在も大きな天災が起きた際には自衛隊が被災地に派遣されるが、その構図は戦前も同様であった。災害救助のために急遽、陸軍の複数の部隊が被災地へと入ることになった。

同月八日、「関東戒厳司令部附」となった永田の派遣先は、神奈川県の横浜市だった。

この震災の震源は、相模湾の北西沖約八十キロの地点であったが、これに近かった横浜市は甚大な被害を蒙っていた。官公庁を始めとして、石造や煉瓦造りの洋館が多かったこともあり、建物の崩壊によって多くの市民が圧死。火災の被害も極めて広範囲に及んでいた。

永田はそんな横浜の街で、「震災救護委員」という立場を担い、食糧の配給作業などを取り仕切ったという。

同年十月からは、陸軍大学校の兵学教官も任された。

永田の授業は、常に理知的であり謹厳でもあったが、同時に人間としての包容力を感じさせるような内容であったと伝えられる。

当時の軍務内務書には、「兵営は艱苦を共にし死生を同《おな》ふする軍人の家族なり」という内容の文章があった。しかし、永田はこれを「兵営は苦楽を共にし」と独自に改変して教えたという。「艱苦」と「苦楽」では、言葉の指し示す範囲が異なり、そこにある種の意味と味わいが付加されるが、ここに永田の軍隊観が象徴的に表れているとも言えるであろう。

そんな永田は、生徒たちからの意見や質問にも、柔軟に対応することが多かったという。

福井県の出身で、大正十一年（一九二二年）十二月に陸軍大学校に入学した高嶋辰彦は、永田の授業を「通算十回にも及ばぬ軍政の講義ではあったが、私は多大の感銘を受けた」と後に回想している。

ある日の講義後、高嶋は「今後の勉強や勤務のあり方」について永田に質問した。すると永田は、

「君は何《いず》れ中央の勤務になるであろう。参謀本部や教育総監部の仕事はわれわれ軍人の本務に近い。（略）陸軍省でも国務一般との関連、軍事行政等について体験しておくことがよいのではないかと思う」

と答えたという。

高嶋は同校を首席（第三十七期）で卒業し、軍事課の予算主任などを歴任。永田の部下として、後に相沢事件の現場を目撃することになる。

永田はこの兵学教官時代、同校の改革に率先して取り組んだ。

その改革とは、派閥の実質的な解消という点に尽きる。

即ち、この後、旧長州藩である山口県出身の陸大への合格者が、激減していくのである。「バーデン＝バーデンの密約」以来、長州閥にある種の制限を加えることによって陸軍の派閥抗争を抑制しようという永田の意向は、こうして現実化したのであった。この頃、「バーデン＝バーデンの密約」の仲間である小畑敏四郎や東條英機も同じく陸大の教官を務めており、彼らが互いに協力しながら実行した結果であったことは間違いないであろう。無論、こうした対応に「逆差別」の一面があったことも否定できない。

ともかく、派閥を解消するための永田らの対策は、こうした形で徹底されたのである。

軍務局軍事課高級課員

大正十三年（一九二四年）八月、永田は歩兵第五十連隊附を拝命。参謀将校として、同連隊の所在地である長野県松本市に赴任した。諏訪出身の永田にとっては、故郷に錦を飾った形である。

だが、その滞在期間は短く、同年十二月には陸軍省軍務局軍事課高級課員に転補され、東京に戻ることとなった。

これは、永田にとって大きな栄転と言える。主に教育畑において実績を積み上げてきた永田が、いよいよ軍部の中枢へと抜擢されたのであった。これは、陸軍士官学校の同期生たちと比べても、極めて早い出世だった。

軍事行政である「軍政」を担う陸軍省の中においても、殊に軍務局はその政策を具体的に形成していくための担当部局に当たる。兵員・予算を獲得することも、軍務局の主要な仕事であった。

永田が配属された当時の軍務局長は、畑英太郎である。会津藩士の家系に生まれた畑は、日露戦争時に大本営参謀を務めた後、イギリス大使館附武官補佐官、インド駐剳《ちゅうさつ》武官などを歴任して、軍務局長となっていた。

また、永田の直接の上司となる軍事課の課長には、杉山元《すぎやまはじめ》がいた。福岡県小倉市出身の杉山は、明治十三年（一八八〇年）の生誕だから、永田の四つ年長である。陸軍士官学校、陸軍大学校を経て参謀本部に勤務した杉山は、フィリピンなどで諜報活動に従事。その後、インド駐劄武官となり、ビハリ・ボースやチャンドラ・ボースといったインド独立運動家とも深い親交を結んだ。以後、国際連盟空軍代表随員、陸軍飛行第二大隊長といった重職を歴任し、軍務局軍事課の課長となっていた。

永田はこの杉山の下で働くことになったのである。

大正十四年（一九二五年）五月には、その前年から陸軍大臣となっていた宇垣一成の主導の下、改めて大規模な軍縮が断行された。所謂「宇垣軍縮」である。永田も軍務局員として、この軍縮を進める実務に携わった。

この軍縮は、関東大震災の復興予算を捻出することが主眼とされたが、このような動きは「山梨軍縮」の延長線上にあった。宇垣軍縮により、四個師団が廃止され、実に約三万四千人もの将兵が軍籍を離れた。

但し、宇垣は単なる兵力の縮小を企図していた訳ではなく、人員を整理することによって生じた余剰の予算を利用し、軍の近代化を図ろうと考えていた。実際、宇垣はこの軍縮以降、各種兵器資材の整備に着手していく。永田も「軍の機械化」という点において、この軍縮を肯定的に捉えていた。

しかし、斯様な軍縮は、陸軍内に多くの不満と摩擦を生んだ。

他方、永田の持論である「国家総動員体制」の確立については、政府側も一定の理解を示し、時の加藤高明《かとうたかあき》内閣によって準備のための動きが少しずつ推進された。

九月十二日、陸軍省は国家総動員機関設置のための準備委員会の設立案を閣議に提議。その骨子として、法制局長官を委員長とした上で、内閣統計局長、内閣拓殖局長の他、八つの関係省庁の局長各一名を委員にするという構成案が示された。陸軍にのみ権力が集中するような仕

杉山元

宇垣一成

組みではなく、各方面からの意見が集約される形での体制の構築が明示されたのである。

加藤は大正十五年（一九二六年）一月二十八日に病没するが、跡を継いだ若槻礼次郎が、この陸軍案を正式に閣議決定。こうして、国家総動員機関設置準備委員会が発足する運びとなった。

これは総動員体制確立に向けての大きな一歩であったが、この動きを実務面で支えていたのが永田であった。当時、永田を補佐した一人である安井藤治は、次のように述べている。

〈総動員機関設置準備をリードしたものは陸軍であり、永田中佐であった。陸軍が推進しなければ誰もやろうとしないし、また出来もしない〉（『戦史叢書　陸軍軍需動員〈1〉計画編』）

結句、陸軍省側の委員には畑英太郎が任命され、永田は幹事の役職を務めることとなった。

第四章　総動員体制の構築を目指して

学校配属将校制度

「国家総動員体制」を整備するための一環として、永田が直接的に手掛けた仕事の一つに「学校配属将校制度」がある。

第一次世界大戦後、学校における教練の実施は、世界各国で積極的に導入が検討されていた。そのような国際的な時流の中で日本においても議論が進み、遂に施行されることが決まったのである。斯くして、軍から派遣された現役将校（配属将校）の指導のもと、学校でも軍事教練が行われるようになった。

同制度が実施に至った背景には、「宇垣軍縮」の影響を蒙った軍人たちへの「失業対策」という意味も含まれていた。

この法令の公布により、一定の官立や公立の学校には、原則として陸軍現役将校が配属されるようになった。一方、私立学校については任意であった。

こうして、兵役に就く前の予備的な準備段階として、各個教練や部隊教練などが学校で実施されるようになったのである。

このような光景は、現在では戦前日本の「軍国主義」を端的に象徴する一場面として語られることが多い。しかし、そのような見方は一面的でしかないと言える。欧米の帝国主義がアジアを蹂躙する時代背景の中で、高度な国防のために何が必要であるかを真摯に考えた末の結果であるという側面を冷静に捉えなければ、歴史から学べる要点は大きく減じてしまう。

即ち、安直な「陸軍暴走史観」「陸軍悪玉史観」という立脚点からでは、歴史の本質とも言うべき過去からの切実な声は聞こえてこない。

無論、陸軍が無謬であったと言いたいのではない。結果として敗戦に至った責任については、丁寧な検証を重ねる必要があることは論を俟たない。

だが、「軍国主義」という言葉が、一つの作為的な「レッテル貼り」に使われやすい表現であるという事実も軽視すべきではない。例えば、前述したような現況のスイスの事例も、見方によっては「平和主義」どころか「軍国主義」となろう。

以下、永田の主導による「国家総動員体制」の実相について、もう少し言及を続けていきたい。

整備局

国家総動員機関設置準備委員会の陸軍側幹事を拝命した永田は、ヨーロッパの総動員体制に最も精通している人物として、改めて大きな輿望を担うこととなった。

大正十五年（一九二六年）七月には、宇垣陸相が新たに「整備局」を陸軍省内に設置することを閣議に請議。このような動向は、すべて永田の先導によるものであった。

九月三十日、同案は正式に制定された。

永田は、この整備局の初代動員課長の座に就いた。陸軍省の課長職は、普通は大佐のポストであったが、永田は中佐での任官であった。陸士の同期の中でも、最も早い課長就任である。

戦用資材の整備や補給に関する軍務を担当する機関としては、大正九年（一九二〇年）に設置された外局の作戦資材整備会議があったが、これを官制改正によって改編したのが整備局ということになる。

整備局が管轄するのは召集や動員、軍需工業の指導、軍需品の統制などについてであった。局内は動員課と統制課に分かれていた。

このような整備局の成立は、総動員体制の構築を目指してきた永田にとって、一つの意義深い前進と言えた。

永田はこの整備局動員課の課長として、軍が必要とする資材の確保に関する仕事に邁進。限りある資源を効率的に集中する形で国防力を高めることは、総動員体制の重要な土台になると永田は見定めていた。資源に乏しい日本という国家が生き抜く道を、整備局という組織から模索する永田であった。

自動車産業の育成

永田は国内の自動車業界の発展を目的として、国産自動車の増産を積極的に促す体制を整えた。

既に、軍用自動車補助法という法律が、大正七年（一九一八年）三月に公布されていた。これは、有事となった場合、陸軍が徴用する予定の自動車について、その製造者及び所有者に補助金が交付されることを定めた法律である。助成対象となる製造者を日本企業に限定することによって、軍用トラックなどの国産化の推進を図ったのであった。

しかし、昭和期に入ると、経費削減といった観点から、陸軍省内でもこの法律に対する批判が大きくなり、同制度の廃止を求める声や、他省に管轄を移す案などが検討されるようになった。

こうした中で、永田はこの制度の重要性を強調。同制度の維持どころか更なる拡充を主張し、日本の自動車産業を強固に育成する道を切り開いた。軍用トラックの有用性を認識していた永田は、有事の際に輸入が滞る場合を考慮し、国産化を促進するよう努めたのである。

当時、国内の自動車業界では、東京石川島造船所（現・いすゞ自動車）やダット自動車製造株式会社（現・日産自動車）、東京瓦斯電気工業などの企業が鎬を削っていた。しかし、アメリカのフォードが日本市場を鋭く見据える中、現状としては各社共に苦しい経営状況が続いていた。

そこで、永田は国内企業が団結して共存していく必要性を訴え、各社の社長を招き、この点について意見交換する場を設けた。永田は陸軍側の実務の代表者として、細かな折衝にも自ら進んで対応した。

このような整備局動員課の取り組みが、その後の自動車各社の協力体制へと繋がった。以降、各社の合併や共同出資が次々と実現していくが、その基礎となる土壌を作ったのは誰あろう永田であった。

日本の自動車産業は、その揺籃《ようらん》期において斯かる軍部の指導があって発展を遂げた。これは、永田の大きな功績の一つと言えるであろう。

現在に至る日本の自動車業界の世界的な隆盛の陰には、永田の存在があったのである。

鈴木貞一との協力

当時の永田は、参謀本部第二課の課員であった鈴木貞一《すずきていいち》と、様々な国家的課題についてよく議論を交わした。

後の企画院総裁である鈴木は、明治二十一年（一八八八年）、千葉県山武郡の出身。陸軍士官学校は第二十二期で、永田より六期下に当たる。皮肉なことに、後に永田を斬殺する相沢三郎と同期である。

鈴木は陸軍大学校（第二十九期）を卒業した後、参謀本部で主に中国問題に関する軍務に就いていた。

永田との関係性について鈴木は後年、こう述べている。

〈永田が陸軍省の動員課長をやっていた時期、私は参謀本部の第二課の課員であり、作戦計画、軍の整備の仕事をしていた。その関係からその頃より知り合いになった。その頃、小畑が第二課長であり、参謀本部の方は軍縮の後仕末のため軍の新しい整備計画を練っていた。その関係から陸軍省の動員課にいた永田と第二課の間では、しょっちゅう軍事資材の問題で話合いを持って行き来をしていた〉（『秘録　永田鉄山』）

動員課長時代の永田に仕えた部下の一人に、後の室蘭防衛司令官・堀毛《ほりけ》一麿《かずまろ》がいる。岡山県出身の堀毛は、陸軍大学校（第三十七期）在籍中に永田の講義に接し、その薫陶を受けていた。堀毛は陸軍大学校卒業後、陸軍省に入省。永田の直属の部下となり、諸事に奔走するようになった。

堀毛は永田の厳格な仕事ぶりに敬意を抱いた。永田に書類を提出すると、その細部まで徹底的に直されたという。

だが、その反面、堀毛はこうも述懐する。

〈信州人らしい合理主義、信念の強い人ではあるが、反面温情味のある人であった。そうでなかったら、とても毎日接してはイキがつまるはずだが、永田さんは時々ハメを外ずすことがある。もっともハメを外ずしながら、釘をさすことを忘れないから、オヤ油断がならねえ、と思ったことがある。どうも料亭から和服の袴を前後にはいて出て来た位、酔っているはずなのに、明朝までにあれを仕上げて提出しろ、などと自宅まで送った私に自動車の中で言い含めた。こんなことがちょいちょいある。どうもすべて計算の上の酔態らしいと思った、がそれをそうと見せないところが、合理的なところだろうと納得した〉（『陸軍中将永田鉄山小伝』）

国家総動員体制の確立を目指す永田であったが、このような流れは日本だけの趨勢ではなかった。同体制への志向が、世界的な潮流であったということは、一つの前提として押えておきたい。

例えば、既に一九二五年には、イタリアが国家総動員令を制定。続く一九二六年、アメリカでも国家総動員法案が両院軍事委員会から提案されるなど、世界の先進国はこぞって同種の法案の整備を急いでいた。フランスでも国家総動員法案に関する審議が、議会で継続されていた。

第一次世界大戦が齎した総力戦への恐怖から、各国とも国防意識が根底から変貌しつつある時代であった。国防は軍人だけでなく、国民全体で担うものだという意識の高揚である。

そんな中で、日本だけが取り残される訳にはいかない。日本も他の先進国と同様、総動員体制に向けての適確な国内整備が求められていた。その舵取りを任されたのが永田だったのである。

しかし、「大正デモクラシー」の時節の中、日本国内における国民の「軍事アレルギー」は、一向に収まる気配がなかった。

二葉会と木曜会

斯かる逆風の中、陸軍内では陸軍士官学校の第十六期から第二十二期くらいの世代が中心となって、国家観や戦争観などを議論する研究会が幾つも立ち上げられた。永田はそのような集まりの中で、いつしか指導的な役割を担うようになった。

もとより徒党を組むのが得意ではない永田であったが、人脈を広げ、様々な意見を吸収し、陸軍という組織全体の団結を高めていくためには有益な活動だと認識した。

そのような研究会の場において、早急に解決すべき最も重要な議題として挙げられたのが「満蒙問題」であった。

総じて言えば、満蒙問題とは日露戦争の勝利によって日本が獲得した「満州と内蒙古地方における特殊権益」を巡る他国との意見の相違のことを指す。日本にとってこれらの権益はあくまでも戦勝によって得たものであったが、中国のナショナリズムはこれを認めず、各地で多くの衝突が生じていた。

そして、時代は大正から昭和へと移り変わる。

昭和二年（一九二七年）三月、永田は陸軍大佐に昇進。

永田には一層の期待が寄せられるようになったが、この前後の時期に陸軍内で存在感を示すようになったのが「二葉《ふたば》会《かい》」である。

この会の出席者の多くは、陸軍士官学校の第十五期から第十八期であり、既に大佐となっていた第十六期の永田は、その中心的な存在であった。永田の他にも、岡村寧次や小畑敏四郎、板垣征四郎、土肥原賢二といった陸士時代の同期生たちが、こぞって組織の中核を担っていた。東條英機や山下奉文《やましたともゆき》も同じく会員に名を連ねた。

会員数は総勢二十名ほどである。

会の名称は、会合の場所に使用していた渋谷のフランス料亭「二葉亭」に由来する。二葉会で主要な議題とされたのが「満蒙問題」と「陸軍人事の刷新」であった。陸軍中堅部にとって、これらの問題は最大の懸案事項となっていた。

また、同年十一月頃には、鈴木貞一らによって「木曜会」という組織も発足。こちらは、陸士の第二十一期から第二十四期を中心とした集まりであった。即ち、二葉会の面々よりも、少し若い世代の幕僚たちの集団ということになる。

こちらも会員数は二十名前後だった。著名なところでは、石原莞爾《いしわらかんじ》や村上啓作、根本博などがその成員である。

二葉会と木曜会は敵対していた訳ではなく、寧ろ協力関係にあった。永田や東條は木曜会にも入会し、幾度か会合に顔を出している。

このような動静は、長州閥を中心とする地縁ネットワークが、総力戦時代への政策課題を共有する人的ネットワークに変化したことを示している。だが、それは同時に、昭和陸軍の新たな派閥形成の母体にもなった。

　昭和三年（一九二八年）一月には、木曜会の第三回会合の席において、石原が「我が国防方針」と題した報告を行った。石原は「日米が両横綱となり、世界最後の戦争となる」「この世界最終戦争に日本が勝つためには、全支那を利用しなければならない」といった構想を語った。

　永田より陸士の五期下に当たる石原は、明治二十二年（一八八九年）一月十八日（戸籍上は一月十七日）、山形県西田川郡鶴岡の生まれ。庄内藩士の家系である。

　上京して陸軍士官学校へと進んだ石原であったが、教官の授業に異を唱えるなど、在学中から異色の存在であったという。陸軍大学校は次席で卒業。日蓮宗の流れである国柱会の熱心な信徒でもあった。

石原莞爾

　その後、ドイツに駐在。日蓮宗の終末論を土台として、カール・フォン・クラウゼヴィッツの戦争論や、ヘーゲル哲学などを結び付け、独自の壮大な思想を育んだ。
　大正十四年からは、陸軍大学校の教官として主に「古戦史」を担当。この頃から、石原を熱烈に信奉する者が増えていった。
　そんな石原が語る「我が国防方針」の観念的な内容に、

永田は呆れ気味だったという。過激な主張を高唱する石原の態度は、永田の目には違和感を以て映った。同じ系列の会合で顔を合わせるようになった永田と石原であったが、二人の間には微妙な温度差があったのである。

少年団運動への協力

永田のやや意外な一面を紹介したい。

永田は、少年団（ボーイスカウト）運動に協力的だった。日本では、大正十一年（一九二二年）に少年団日本連盟が発足していたが、永田は息子の鉄城をこれに参加させ、自らも率先して活動していた。

永田は渡欧中に、イギリスの青少年活動の存在を知り、その思想に共感していたという。永田はこのような活動を、安直に「総力戦」と結び付けて捉えていたのではなく、「平時、戦時を問わず、国家に貢献できる精神と体力を養成することが主旨」とより幅広い文脈で考えていた。

少年団日本連盟の初代理事長で、貴族院議員でもあった二荒《ふたら》芳徳《よしのり》は、永田についてこう回顧している。

〈永田は昭和二年八月全く文字通り一実修生として、富士山麓に開かれた第三回少年団指導者中央実修所に入所したのであった。この間天幕生活の一週間、永田は三十歳前後の中等学校教員、小学校訓導及び社会教育主事など丶起臥を共にし自ら山に薪木を採り、飯盒に米を炊いて最も熱心なる一介の実修生として、遠慮会釈もなく鍛錬を加へられるこの少年団生活に無言に孜々としていそしんだのであった。

予が永田を識ったのはこの時であった。彼は同行《ぎょう》の各実修生から多大の尊敬と絶対の信頼とを一身に集めたのであった〉（『文藝春秋』昭和十年十月号）

日本体育専門学校（現・日本体育大学）の校長も務めた二荒は、永田のことを「予の最も畏敬する友」とも称している。

張作霖爆殺事件

昭和三年（一九二八年）三月、永田は東京・麻布の第一師団歩兵第三連隊の連隊長を拝命。かつて士官候補生として汗を流した思い出深い原隊に、連隊長として戻ったのであった。

五月三日には中国大陸において、済南事件が勃発。北伐中の蔣介石率いる国民革命軍が、済南の地で日本人居留民を襲撃した。結局、十二名もの日本人居留民が虐殺された。

この事態を受け、日本軍は国民革命軍への攻撃を開始。同月十一日、日本軍は済南の地を占領した。この事件によって、日中両国間の国民感情は極度に悪化した。

続いて六月四日には、張作霖《ちょうさくりん》爆殺事件が勃発。奉天（現・瀋陽）郊外で、軍閥の指導者である張作霖の乗った列車が、何者かによって爆破されたのである。

日本の関東軍は元々、張作霖を支援していた。しかし、関東軍と張作霖との間には次第に意見の齟齬が生じるようになり、やがて両者の溝は決定的に深いものとなった。結句、張作霖を排除するため、関東軍内部の強硬派が仕掛けた謀略が、この爆殺事件の内実だったとされている。

但し、この事件については未だ不明な点が多く、ソ連特務機関犯行説などもあるが、この点については本稿では深追いしない。

本書において触れておくべきは、この事件の首謀者とされた河本大作が、二葉会の会員であったという点である。

河本は明治十六年（一八八三年）生まれ。兵庫県佐用郡が彼の故郷である。

大阪陸軍地方幼年学校、陸軍中央幼年学校を経て、陸軍士官学校に入学。第十五期というから、永田の一期先輩に当たる。日露戦争に出征した後、陸軍大学校に進んだ。同校の第二十六期である河本は、第二十三期だった永田のこちらは三年後輩となる。その後、河本は関東軍の参謀となった。

爆殺事件後、河本は軍法会議にかけられることもなく、予備役に編入されただけで、厳しい追及は行われなかった。

このことが、陸軍内の悪しき前例となったことは否定しようがない。

歩兵第三連隊兵舎跡

昭和三年八月、永田が連隊長を務める歩兵第三連隊の新たな兵舎が、東京の麻布にて竣工を迎えた。

竣工式には、天皇陛下も行幸された。

地上三階、地下一階を有する鉄筋コンクリート造りのこの壮大な建造物は、関東大震災からの復興の象徴として日本中から注目を集めた。上空から建物を見ると漢字の「日」の字を成した構造となっており、白亜の外観にはアールデコ調の装飾を取り入れるなど、とりわけモダンな雰囲気であった。

二万七千平方メートル以上もの延べ床面積を誇るこの新兵舎に、最初の連隊長として足を踏み入れたのが永田だったのである。

永田の決意も、これを機に新たなものとなったに違いない。

永田の発案により、敷地内には「大元帥陛下行幸記念塔」も建立された。

永田は同連隊において「軍紀による結束」を信条とし、「隊長への個人崇拝」を排するよう指導した。軍隊において「あの隊長のためなら喜んで命を捨てる」といった思想は、言わば封建制の発芽であって、断じて認められないというのが永田の所見であった。仮令《たとえ》、いつ隊長が代わっても、「新たな上官のもと、それまでと全く同じ態度で、指揮系統に従いながら献身できること」が軍人の本分であると永田は洞察していたのである。こうした組織造りの要諦にこそ、永田の思想が色濃く滲んでいる。それは言わば、明治の軍隊と昭和の軍隊の「違い」への深い認識に基づくものだった。巨大化し、官僚化する昭和の軍組織にあって、日清・日露戦争を戦った上官と兵士との間にあった個人的紐帯を基盤とする組織づくりは、極めて難しくなっていた。属人的な関係による集団から機能的組織への進化が要請されていたのである。

永田はいつしか「陸軍随一の名連隊長」と賞されるようになった。

この兵舎の跡地には現在、国立新美術館と政策研究大学院大学が並んで建っている。戦後、兵舎は在日米軍に接収されたが、昭和三十七年（一九六二年）に東京大学生産技術研究所となり、平成十三年（二〇〇一年）まで使用された。

平成十九年（二〇〇七年）に開館した国立新美術館は、黒川紀章氏の設計による瀟洒な建物で、六本木の新たな観光名所となっている。そんな館内へのエントランスの一角に、かつての兵舎を「百分の一」のスケールで再現した模型が置かれている。

更に、兵舎だった建物の一部が、国立新美術館の別館として今も保存されている。国立新美術館の建設に伴い、建物の大半は撤去されたが、一部が特別に残されたのであった。

昭和初期のモダンな雰囲気が随所に感じられるその外観は、政策研究大学院大学の敷地側から、その偉容をよく眺めることができる。一見すると四階建てのように映るが、これは地下一階の部分が半地下のような構造となっているためである。

この場所は、永田が国家の行く末を憂いながら歩いた地であるが、国立新美術館に連なる道路は現在、「星条旗通り」と呼ばれている。是非もなく、日本という国家がどれだけ大きな変貌を遂げたかがよく判じられる事例である。

この変質を、天上の永田はどのように見据えているであろう。

真崎甚三郎との出会い

昭和四年（一九二九年）五月、二葉会と木曜会が合併となり、新たに「一夕会《いっせきかい》」が発足。無論、永田もこの会の主要メンバーとして名を連ねた。会員の数は、四十名ほどである。

永田はこの時、四十五歳。

一夕会では月に一度、九段の偕行社に集まって討論会を開いた。会員たちは、侃々諤々の議論を熱心に闘わせたという。

彼らの論点を総じて言うと、「総力戦に備え、陸軍を抜本的に改革する」という言葉に収斂される。人事面では「非長州系である荒木貞夫、真崎甚三郎、林銑十郎の三将軍を守り立てていく」という方針が、目指すべき基本路線として定められた。

七月には、浜口雄幸内閣が成立。陸軍大臣には宇垣一成が任命されたが、これは彼にとって二度目の就任であった。前回の在任時には、「宇垣軍縮」を推進した経緯がある。

浜口はこの宇垣と連携して、政府と陸軍との協調的な関係性を模索した。宇垣は陸軍の改革に率先して取り組んだ。

そして、日本は「昭和恐慌」を迎える。ウォール街に端を発した不況の波が、世界中を覆い尽くそうとしていた。

日本においても、経済の迷走が更なる社会不安を招くこととなった。

永田が配属された歩兵第三連隊の上級機関は第一師団であるが、同年七月の人事異動により、真崎甚三郎が師団長として赴任してきた。

本稿において、大きな役柄を演じることになる人物の登場である。

明治九年（一八七六年）十一月二十七日、真崎は佐賀県に生まれた。地元の佐賀中学を卒業した後、陸軍士官学校（第九期）、陸軍大学校（第十九期）を経て、陸軍の出世街道を歩んだ真崎は、第一次世界大戦の折には久留米俘虜収容所の所長を務めていた。

その後、近衛歩兵第一連隊長、歩兵第一旅団長、陸軍士官学校長などの要職を歴任。陸軍士官学校長時代には、「尊王絶対」の教育方針を強化し、「昭和維新」を唱える青年将校たちを多く輩出する土壌を作った。「青年将校」という言葉は本稿においても頻出することになるが、その意味は「陸軍士官学校を卒業後、隊附勤務となっている二十代半ばから三十代前半の将校」のことを主に指す。

第一師団長に任命された真崎は、永田とは「上司と部下」という関係性となった。「非長州系」の有力者であった真崎は、永田にとっても「バーデン＝バーデンの密約」以来、大いなる期待を寄せた相手だった。

真崎と永田は爾来、因縁の深みへと次第に呑み込まれていくことになるが、それはまだ少し先の話である。

軍務局軍事課長

永田は陸軍でのキャリアを順調に重ねている。

しかし、昭和五年（一九三〇年）四月二十五日、私生活の面においては、痛恨の極みと言える悲劇が起きた。

妻・文子を病いで失ったのである。享年四十一。

元々、目に持病のあった文子だが、加齢と共に症状が悪化。近眼がひどくなり、外出の時には永田が手を引いて歩くほどの状態となっていた。

最終的な死因の仔細は残念ながら不明であるが、そんな文子が永眠したのである。

二十年以上も連れ添った愛妻の急逝だった。永田の悲嘆は、如何ばかりのものであったろう。

この時、長男・鉄城は十九歳、長女・松子は十七歳である。

二人の子どもが、永田の元に残った。

悲嘆に暮れた永田であったが、同年八月には陸軍省軍務局軍事課長を拝命。歩兵第三連隊から、三宅坂の陸軍省に復帰した。

軍務局軍事課長という役職は、軍政の事務を司るまさに「頭脳」である。陸軍の設計図を描く重要な地位の一つと言ってもいい。殊に、予算の配分に関しては、強い発言力を有していた。

古来、組織内において予算を扱う者の立場は強い。

永田は敏腕を以て、陸軍の要職にまで上り詰めたのである。

中国への視察旅行

同時期には、永田以外の一夕会系の幕僚らも陸軍内の要職を占めつつあり、彼らの勢力は多大な影響力を持つようになっていた。

昭和五年十一月、永田は朝鮮半島と満州、北支那といった地域を巡察。それまでヨーロッパでの駐在生活は豊富な永田であったが、満州や中国での滞在経験は乏しかった。しかし、軍事課長となった永田にとって、これらの地域に横たわる諸問題の解決は、避けて通れぬ課題となったのである。

この視察旅行を通じ、永田は中国における反日・排日運動の激化を目の当たりにした。このような抗日運動によって在留邦人が危険に晒されるような事態は勿論のこと、過激な排外主義が満州にまで及ぶ可能性について、永田は強い懸念を示した。

また、永田は関東軍の兵力が不十分であることを痛感。関東軍は日本の権益を守備するための重要な兵力であるにも拘らず、その大事な部隊の戦力が慢性的に不足していることに永田は驚いたのである。

例えば、奉天附近において、支那軍は関東軍の十倍以上もの兵力を有していた。この状況に危惧を抱いた永田は、奉天独立守備隊に二十四サンチ榴弾砲を送る案を起草し、これを速やかに実現させている。当時、関東軍の参謀部に在籍し、陸軍中央との情報の伝達などを担当していた片倉衷《かたくらただし》は、この件について後にこう証言している。

〈この二十四サンチ榴弾砲が永田大佐の努力で送付されたということは石原中佐も極秘にしており、ずっと後になって判明したのですが、しかし私共は中央から送られて来たのですから大体は永田の線と了解しておりました〉（『秘録　永田鉄山』）

だが、この視察旅行中に行われた関東軍幹部たちとの会談の席では、関東軍上層部と永田との間に、大きな意見の隔たりがあることも明白となった。板垣征四郎や石原莞爾らは、

「満蒙問題の解決のためには、中国への武力行使も已むなし」

という意見を繰り返したが、永田はこれに反対した。

永田も勿論、関東軍の軍備を整え、中国の反日行動に備える必要性があること自体には賛同している。もし中国軍から攻撃があった場合、毅然と応戦すべき旨も認めている。しかし、それでも「こちらから安易に手を出すような武力衝突」を引き起こすことは、「日本に何の利益も齎さない」というのが永田の見解であった。

板垣とは陸軍士官学校の同期生という旧友の間柄であったが、こと満蒙問題に関しては悉く

衝突した。そんな永田を関東軍幹部らは、

「軟弱者」

と揶揄したという。

しかし、永田は自らの信条を容易に覆すような人物ではなかった。

永田は、蔣介石が率いる中国国民党の動向に一定の期待を寄せていた。国民党と協力しながら満蒙問題に対処し、日中関係を漸進的に改善していく道を思案していたのである。

戦後の言論の中には「永田は満州事変に関わっていた」とする主張も一部に存在する。前述したように、永田は奉天独立守備隊に二十四サンチ榴弾砲を送っているが、これを以て「永田が満州事変の準備をしていた」という立論などである。

当時、軍務局軍事課で働いていた鈴木貞一は、永田が戦略として「満州を制御することでロシアの日本侵略に対する阻止ができる」といった方針を保持していたこと自体は認めている。だが、その上で鈴木は、「しかし、満州事変をああいう形でやるということは考えていない」と断言。鈴木はこう述べる。

〈人はよく大砲を奉天に持っていったのだから、初めからやろうという計画であった。と憶測をして云うがそういうことは断じてない〉（『秘録　永田鉄山』）

永田や鈴木が推し進めていたのは、「蔣介石との連携による満蒙問題の解決」という筋書きであった。

日本側が抱く「中国大陸での最悪のシナリオ」は、何と言っても「共産化」である。そういった意味でも、永田は中国国民党とは「防共」という点において提携する必要性があると考えていたのであった。

永田の意向を託された鈴木は、蔣介石側との交渉に奔走した。

三月事件

この軍事課長時代、永田は引き続き国家総動員体制の確立に向けた整備に尽力している。改めて記すが、総動員体制とは「国民全体の協力による戦争への備え」といった概念を意味する。「国民の国防への主体性の喚起」と言い換えることもできよう。

昭和六年(一九三一年)三月、日本陸軍に激震が走った。

陸軍大臣の宇垣一成を首相に担ぐことを目的とした軍事クーデターの計画が発覚したのである。

この「三月事件」を首謀したのは、陸軍内で「桜会」を組織していた橋本欣五郎《はしもときんごろう》や、右翼の大物である大川周明《おおかわしゅうめい》といった人物だった。

計画の大筋は、以下の通りである。まず、大川らの指導により多数の協力者を動員し、国会議事堂を包囲。その混乱に乗じて、時の浜口内閣の総辞職を要求し、後継として宇垣内閣を樹立させるという大規模な謀略であった。

しかし、この画策は、陸軍省の上層部の耳に事前に漏れた。

橋本と大川は、陸軍省軍務局長の小磯国昭にも内密に話を持ちかけ、軍隊側の協力を求めていた。小磯は後に、第四十一代内閣総理大臣を務めることになる人物である。

小磯は困惑した。そして、小磯は直属の部下である軍事課長の永田に、それとなく意見を求めることにしたのである。

この時の二人のやりとりが、永田の生涯を決定付ける大きな要因の一つとなる。

小磯は、永田との会話の仔細を朝日新聞の陸軍省担当記者だった高宮太平に後に語っている。高宮が著した『昭和の将帥』（図書出版社）によると、小磯はまず永田に、「現在のような腐敗した政権を打倒して、強力な政府を作る場合、軍としてはどういう措置をとったらよいか」という主旨の質問を投げ掛けた。すると、永田は微笑を浮かべて、

「それは局長の架空の話ですか、それとも現実の問題ですか」

と聞き返したという。おそらく、永田もクーデター計画の噂は既に耳にしていたのであろう。これに対し小磯は、

「さよう、架空なようでもあり、現実のようなものでもある。まあ、例えば自分がその中心となってやる場合にどうしたならよいか、君一つ考案してくれないか」

と誤魔化しながら返答した。これを聞いた永田は、

「それはいけません。およそ非合法で、政権を奪取しようなどもってのほかです。中南米あたりの常習的な革命騒ぎなら面白いかもしれませんが、日本で、しかも軍が中心になってクーデターをやっても、断じて成功するものではありません。たとえ一時は成功したように見えても長続きはしません。軍自体が壊れてしまいます。自分はそういうことには同意する訳にはいきません」

と断じた。しかし、小磯は、

「君一つ具体案を作ってみてくれ、それによって研究し、駄目ならよすさ」

と改めて頼み込んだという。永田はそれでも拒否したが、小磯の執拗な依頼の結果、最後には、

「それでは小説を書く心算で書いてみましょう」

と応じた。

数日後、永田は、

「局長、小説を書きました」

と言って、小磯のもとを訪れた。永田は、

「くどいようですが小説ですよ」

と何度も念を押したという。

当事者である小磯は、この時の「永田の発言」として自筆の手記にこう綴っている。

〈元来着想ノ根本ニ於テ不純性アリ要スルニ此ノ如キ計画ヲ実行スルハ絶対不可〉

小磯国昭

ともかく、永田の書いたものを一読した小磯は、その出来の良さに驚いた。
永田が提出したその「意見書」には、「軍事クーデター」という非合法行為ではなく、正常な手続きに基づいて宇垣内閣を成立させる方法」が淡々と綴られていた。例えば、「現役軍人である宇垣が首相になることについては抵抗が大きいため、まず宇垣を予備役に編入すること」や「宇垣が陸相を辞任し、内閣を総辞職へと追い込む」といった政治的手法の可能性が理路整然と記述されていたのである。

その意見書は、軍務局の金庫の中に保管された。無論、この意見書の内容が実際に実行されるようなことはなかった。

しかし、この意見書の存在が、後に「永田メモ」として大きな問題となるのである。つまり、反永田の勢力が、この「永田メモ」を恣意的に利用して、「三月事件の首謀者は永田である」という倒錯的なデマを広めていくのであった。このことについては、後の章で改めて触れる。

結局、「三月事件」は、クーデター計画に当初は賛意を示していた宇垣自身が、途中で翻意して拒絶の態度を明らかにしたことによって未遂に終わった。

その後、浜口首相の体調不良により、四月十四日に第二次若槻礼次郎内閣が発足することになる。

五課長会の発足

前年に妻を亡くして以来、永田の元には各方面から縁談が絶えなかった。

軍務局軍事課長という要職にあり、気鋭の中堅幕僚として名を馳せていた永田は、昼夜を問わず多忙を極める毎日を送っていた。そういった意味においても、生活を支えてくれる女性が必要だった。

昭和六年六月十二日、永田は再婚。

お相手は、宮内省大膳職である有川作次郎の娘・重子《しげこ》である。永田はこの時、四十七歳、重子は二十九歳であった。

結婚式には、歩兵第三連隊時代の上官であった真崎甚三郎も来賓（仲人という説も有）として出席。新妻の重子は、真崎夫人から「軍人の妻としての家庭生活」などについて、様々な助言を得たという。

当時の永田と真崎は、公私にわたって親密な間柄にあった。


この時期、満州に駐屯する関東軍は、満蒙問題の解決に向けて、より強硬な姿勢を濃くしていた。

これに対し、東京の陸軍中央は、主に中国政策に関連する五つの課の課長から成る「五課長会」を発足させた。委員長を務めたのは、参謀本部第二部長の建川美次である。

この委員会に、永田は軍事課長として参席。課長職のメンバーには、永田とは東京陸軍地方幼年学校時代からの盟友である岡村寧次も人事局補任課長として名を連ねていた。その他の参加者は、山脇正隆（参謀本部編制動員課長）、渡久雄（欧米課長）、重藤千秋（支那課長）である。

六月十九日、五課長会は「満蒙問題解決方策の大綱」を提出。以下、同大綱の中から一部を抜粋して紹介したい。

一、満州における張学良政権の排日方針の緩和については、外務当局と緊密に連絡の上、その実現に努め、関東軍の行動を慎重ならしめることについては、陸軍中央部として遺憾なきよう指導に努める

一、右の努力にもかかわらず排日行動の発展を見ることになれば、遂に軍事行動の已むなきに到ることがあるだろう

一、満州問題の解決には、内外の理解を得ることが絶対に必要である。陸軍大臣は閣議を通じ、現地の情況を各大臣に知悉せしめることに努力する

一、軍事行動の場合、如何なる兵力を必要とするかは、関東軍と協議の上、作戦部において計画し上長の決裁を求める

一、内外の理解を求むるための施策は、約一カ年即ち来年春迄を期間とし、之が実施の周到を期す

一、関東軍首脳部に、中央の方針意図を熟知させ、来る一年間は隠忍自重の上、排日行動から

生ずる紛争に巻き込まれることを避け、万一に紛争が生じたときは、局部的に処置すること
に留め、範囲を拡大せしめないことに努めさせる

つまり、五課長会はまず、強硬な態度を露骨に表す関東軍の動きを牽制しつつも、今後の満州情勢の展開次第では軍事行動の可能性も否定しないという方針を示している。そして、その上で一年間は「隠忍自重」とする施策を明文化したのであった。

即ち、「一年間の隠忍自重方針」が、陸軍中央の総意としてここに打ち出されたのである。この大綱は、関係省庁の承認を得た上で、正式に関東軍へと伝えられた。

前述した如く、石原らが間もなく引き起こす「満州事変」について、永田がその計画を事前に把握していたのか否かについては議論がある。だが、永田が関東軍に自重を促し、安直な武力の行使に慎重であったことは、先の五課長会の大綱を見ても明らかである。永田と石原は同じ一夕会系幕僚であったが、満蒙問題に関する態度には相違があった。

二人は共に、日本という国家が欧米列強に比して「持たざる国」であることを深く憂慮していた。軍事力は勿論、経済力や資源力に関しても、その差は歴然であるという危機感は、両者に共通する意識であった。石原は日本を「持たざる国」から脱却させるため、満州の権益の確

保を重視したが、この点では永田も同じであった。

だが、目的を達するために用いようとした手段には、大きな違いがあった。石原は「武力行使」に訴えてでも、日本を「持てる国」にしようとした。そうしなければ、日本は滅びてしまうという、天才ならではの一種の達観である。一方の永田は、あくまでも「総動員体制の構築」によって、日本を「持てる国」へと漸進的に近付けようと考えていた。永田は、関東軍が自らの武力に頼る形で、早急に満蒙問題の解決に当たろうとしている姿勢を決して肯定しなかった。

そんな永田であるが、彼のような意見は、陸軍省において少数派だった訳ではない。寧ろ、当時の陸軍省内では「慎重派」が多勢を占めていた。永田は言わば、「慎重派」をまとめる立場にあった。

しかし、当の関東軍の視点からすると、「東京の連中は現場を分かっていない」「机上の空論をいつまでも続けている」ということになる。「満州の治安状況は、もはや外交交渉のレベルにない」という理解が、彼らの主張の根幹にあった。

確かに、中国の排日運動には全く歯止めがかからず、在留邦人が殺害される事件も頻繁に起きていた。六月下旬には、中村震太郎大尉が満州北部での兵要地誌調査の最中に、中国軍によって射殺されるという事件が発生。所謂「中村大尉事件」である。

この事件に対し、日本政府は強く抗議したが、中国側は、

「犯人は官兵ではない」

との主張を繰り返すのみであった。関東軍は思う。

（外交交渉では、何も解決しないではないか）

中村大尉事件の発生を受け、石原は東京の永田宛てに書翰を送った。その概要は、「部隊の派兵による実力捜査の実施」を求める意見具申であった。

軍中央と関東軍との不協和音が、いよいよ限界を迎えようとしている。

今村均の抜擢

今村均

昭和六年八月、山脇正隆が五課長会から去り、新たに東條英機（編制動員課長）が入会。更に、今村均《いまむらひとし》（参謀本部作戦課長）と磯谷廉介《いそがいれんすけ》（教育総監部第二課長）の二人が新たに加わり、こうして五課長会は「七課長会議」へと発展した。
今村は明治十九年（一八八六年）、宮城県仙台市の出身。年齢は永田の二つ下である。陸軍士官学校は第十九

期、陸軍大学校は第二十七期。陸大は首席で卒業している。

今村は後の大東亜戦争の際に、第十六軍司令官として「蘭印作戦」を指揮したことで知られる。オランダ領東インドの攻略に成功し、緩やかな軍政を敷いたことは、現地の人々から高く支持された。

だが、終戦後には連合国側によって一方的に戦犯指名。「禁固十年」の判決を受けた。

しかし、そんな彼の残した功績は、今も「名将」に相応しいものとして語り継がれている。

そんな今村が、満州事変の直前の時期に、参謀本部作戦課長として新たに七課長会議へと入り、永田と共に仕事をすることになったのであった。

実は、今村の能力を誰よりも買っていたのが永田だった。そもそも、今村を参謀本部作戦課長の重職に推したのも、永田であったとされる。

人材を見極めることに長けた永田の器量を示す、一つの逸話と言えよう。

矢崎勘十への書翰

昭和六年八月八日に、永田が矢崎勘十《やざきかんじゅう》に宛てた書翰が残っている。

矢崎は明治二十六年（一八九三年）、永田と同じ長野県諏訪郡の出身。年齢で言うと永田より九歳年下に当たる。地元の諏訪中学を卒業後、大正元年（一九一二年）に陸軍士官学校に入校。同校在学中から、郷土の大先輩である永田には随分と可愛がられていたという。後の陸軍中将である。

昭和六年当時、矢崎は中国東北軍応聘武官として奉天に駐在し、張学良の顧問という役職を担っていた。そんな矢崎に対し、満州での不穏な動向を憂う永田が寄せたのが次の手紙である。

〈問題の解決は陸軍丈けでは何としても出来ず又上意なくして憲法の範疇外に出ることを許さず、陸軍の力のみにて事を決するは国が真に滅するや否やのドタン場の最大非常手段なり。軽々しく用うべきに非ず、小愛国心は不可、大勇は小事に起たず、隠忍は深沈にして大勇、もっとも深く国家を思う者の忍ばざるべからざる所なり〉（『陸軍中将永田鉄山小伝』）

関東軍が何等かの軍事行動に出るのではないかという懸念を、永田が強く抱いていた様子が窺える文面である。「小愛国心は不可、大勇は小事に起たず」といった言葉も、永田らしい滋味に富んだ至言と言えよう。

一方、満州では八月十七日、斬殺された邦人の死体が奉天で発見された。在留邦人の生活の安全は、もはや最低限の維持も困難な状態を迎えていた。

このような暴力の跋扈を受けて、日本国内では中国への強硬論が膨張。国民の憤慨が頂点に達したのも、当然の帰結であろう。

そんな中、陸軍は極めて困難な局面を迎えていた。陸軍中央は、中村大尉事件に関して中国側から誠意ある対応が引き続き見られなかった場合、「奉天省北部の鉄道予定線を保障占領」する案を外務省と協力して作成した。

一方、関東軍の石原や板垣らは、満州での独自の軍事行動の準備を秘密裏に進めていた。「軍事行動による満州の領有」を基本的な信条の一つとしていた石原たちは、謀略の準備を着実に進めていたのである。

永田を含む陸軍中央が指し示した「隠忍自重」の方針を、彼らは黙殺しようとしていたことになる。

だが、石原らが不穏な計画を有しているという情報の断片を、政府は摑んでいた。外相の幣原喜重郎は、陸相の南次郎にこの点について閣議で問い質した。これを受けて、南陸相は「止め役」として、参謀本部から建川美次を満州に派遣することを指示した。

昭和天皇も、関東軍の動向に深い憂慮を示した。

だが、政府の方針を知った「桜会」の橋本欣五郎は、関東軍に密電を送り、「計画の発覚」と「建川の渡満」を伝えた。橋本は石原らと内通していたのである。

橋本からの打電を受け取った石原たちは、「計画の前倒し」を決意。決行日は、九月十八日と決まった。

第五章　満州事変への対処

満州事変の勃発

昭和六年（一九三一年）九月十八日の午後十時二十分頃、柳条湖附近の満鉄（南満州鉄道株式会社）の線路が爆破された。石原らのグループが、遂に計画を実行に移した瞬間である。石原らはこの爆破事件を自作自演した上で、これを「中国側の犯行」と主張した。

線路の爆破と共に、関東軍独立守備隊第二大隊が、柳条湖近くの国民革命軍の兵営である「北大営」を急襲。第二師団第二十九連隊も、奉天城への攻撃を開始した。日本軍はその他の都市にも随時、攻撃を展開していった。

「満州事変」の始まりである。

翌十九日の午前七時、東京では陸軍省と参謀本部の合同による省部首脳会議が開かれた。永田もこの会議に出席し、向後の対応を協議した。

東京の陸軍中央は、この事変の勃発が関東軍の自作に端を発したものであることを、未だ正確に把握できていなかった。よって、この会議では「関東軍への兵力の増派」を閣議に提議することなどが定められた。

陸軍中央は、その後も現地の動向に関する情報の収集に努めたが、当然のことながら混乱は激しかった。

午前八時半には、朝鮮軍が独断で関東軍の増援に向かっているとの報告が入り、陸軍中央は慌ててこれを制止。海外派兵の決定に必要な内閣の承認などの手続きが、全く無視されていたためである。

午前十時半から閣議が始まった。この席上、「事件が関東軍によって引き起こされた」という可能性を示唆する奉天総領事からの電文が、幣原外相より提示された。その結果、増派は見送られ、代わりに「不拡大方針」が取り決められた。

この事変の勃発を以て、永田ら「五課長会」が作成した「隠忍自重」の方針も、完全に瓦解したことになる。

事変への対応

満州事変は石原らの策謀によって遂行された。

自作自演の独断専行という点において、この行為が日本陸軍における一つの由々しき汚点であることは否定し難い。関東軍の暴走は明らかである。しかも、その行為が「陸軍随一の天才」と呼ばれた石原の発案によって引き起こされたという事実は、日本の近代史に哀調を帯びた影を落とす。

このような緊急時において、永田は軍事課長として事変への具体的な対応とその処理に頭を悩ませた。

もとより、関東軍の強硬策に慎重な態度を示していた永田であったが、彼は同時に「現実主義者」でもある。永田は、積み上がってしまった既成事実を前にして、「不拡大方針」を単に繰り返すだけでは、もはや事態を適確に収拾できないという結論を導き出した。

同月二十日、永田が課長を務める軍務局軍事課は「時局対策」を策定。その内容は、「不拡大方針自体には反対しない」が、かと言って「(既に展開している)軍を元の状態に戻すことは不可」として、「満蒙問題の根本的禍根を除去することが重要」「満蒙問題の解決を『最後の決意』をもって内閣に迫るべき」と主張するものであった。

当時、軍務局軍事課の課員で、永田の直接の部下であった綾部《あやべ》橘樹《きつじゅ》は、陸軍大学校（第三十六期）を首席で卒業した秀才であったが、彼は後にこう記している。

〈この事件（著者註・満州事変）は必ずしも将軍（著者註・永田）の意を得たことではなかったと思われるが「一度事変が勃発した以上日本としては挙国一致国家将来のために有利な方向にこの難局を打開して行く以外に道はない」というのが将軍の信条であったと考える〉（『陸軍中将永田鉄山小伝』）

永田は、関東軍の動きに一定の制限を加える必要を認めながらも、事変が起きてしまった以上、現実の軍の動向を冷静に踏まえつつ、向後の展開を丁寧に検討していくしかないという判断を下したのである。

ここで言う「一定の制限」というのは、例えば「満州以外には絶対に兵を使わない」といった内容を意味していた。

事変の一方的な拡大は、日本の国際的な立場を危うくする。永田はこの事変をどこでどう幕引きさせるべきか、分析を続けた。

その上で、永田は関東軍の活動が徒《いたずら》に不利な状況に陥らぬよう、各方面との折衝に奔走した。本意ならずも、事変は既に進行中である。斯くなる上は、この動向を日本の国益に沿うような形へと遷移させていくことが自分の役割であると永田は自覚した。

だが、陸軍中央では様々な意見が対立し、明確な指針を敏速に打ち出すことは難しかった。

その間も、関東軍は更なる進軍を続け、二十一日には第二師団主力が吉林省に侵攻。これに応じ、朝鮮軍が独断で国境を越えて、満州へと進軍した。朝鮮軍の司令官は、林銑十郎である。同月二十四日、内閣は「事変の不拡大」を閣議決定。「局地解決」に向けての方針が示された。同日、内閣が発表した「満州事変に関する第一次声明」には、「居留民の安全が確保されれば、満鉄付属地内に部隊を撤退させる」との骨子が明記された。

翌二十五日には、永田を含む七課長会議が、「時局対策案」を起草。その内容は、同月三十日に「満州事変解決に関する方針」として発表された。

その概要は「満蒙に独立政権を設定する」ことによる事態の収拾を主張するものであった。

ここで言う「独立政権の設定」とは、あくまでも「地方政権の樹立」のことであって、「独立国の建国」を意味するものではない。

即ち、「地方政権の樹立」という構想こそ、満州事変に対して永田が導き出した「落とし所」だったのである。

しかし、関東軍は十月二日、秘密裏に「満蒙問題解決案」を作成。石原の主導によって作られた同案は、「満蒙を独立国とし我が保護の下に置き、在満蒙各民族の平等なる発展を期す」という内容であった。

十月事件

満州の地に緊張が走る一方で、国内でも重大なる事件が発生した。

十月十六日、橋本欣五郎を中心とする勢力によるクーデター計画が、再び発覚したのである。「三月事件」に失敗した橋本らは、改めて策謀を練っていたのであった。

彼らは、内閣が満州事変の不拡大方針を定めたことに強く反撥し、クーデターの実行を決断。橋本は満州での関東軍の進軍と呼応する形で、東京でクーデターを起こそうと考えたのである。

結局、クーデターは今度も未遂に終わったが、その計画の規模は「三月事件」とは比べるべくもないほど大規模なものであった。

その計画とは、時の首相や閣僚らを次々に殺害し、陸軍省や参謀本部を占拠した上で、荒木貞夫を首相とする新内閣を樹立させるという驚くべき内容だった。当時、教育総監部本部長だった荒木は、「国家革新」に理解がある人物と見られていた。超国家主義的な幕僚や将校たちは、そんな荒木を担ぎ出そうとしたのである。

これが後に言う「十月事件」である。

日本陸軍史上、最大級のクーデター計画であった。

もとより、永田は「バーデン＝バーデンの密約」以来、非長州系である荒木を擁立しようという意図を有してきた。しかし、この十月事件を知った永田は、首謀者たちの行動を強く批判。

永田はクーデターという非合法の手段を断じて認めなかった。今村均の回想によれば、永田はこの事件について次のように語ったという。

〈たとえこころざしは諒とされても、こんな案で大事を決行しようと考えた頭脳の幼稚さは、驚き入る〉（『今村均回顧録』）

「目的のためには手段は正当化される」という思想は、まさしくテロリストの論理と言える。永田は、首謀者たちへの「極刑」を主張した。終生にわたって、組織の規律を何よりも重視した永田としては、当然の所感であったろう。

しかし、橋本と懇意であった石原は、厳罰に反対。結果、橋本は「重謹慎二十日」という軽い処分で済まされることとなった。陸軍の倫理性と遵法精神は、こうして次第に瓦解していくことになる。

その一方で、この十月事件以降、陸軍上層部が非合法活動への取り締まりを強化したことも事実である。

元来、永田が志向していたのも、合法的な手法による陸軍の改革路線である。過激なクーデターによる急進的な革新を戒めつつ、永田は漸進的な改革の方法を追い求めたのであった。

満州国の建国

関東軍はその思惑通り、満州各地で尚も進撃を続けている。

十月二十六日には、若槻内閣が「満州事変に関する第二次声明」を発表。この声明では、「部隊を満鉄付属地内に帰還させることは、事態を更に悪化させる」との骨子が示された。

これは「居留民の安全が確保されれば満鉄付属地内に部隊を撤退させる」とした「第一次声明」よりも、不拡大方針が後退したことを意味している。事変を巡る対応で、政府は完全に迷走していた。

十二月十一日、閣内不一致を理由に若槻内閣は総辞職。

同月十三日、犬養毅内閣が新たに発足した。政権与党も民政党から政友会へと移行。つまり、政権交代である。

犬養内閣の陸軍大臣には、荒木貞夫が任じられた。

年が明けた昭和七年（一九三二年）一月三日、関東軍は錦州を占領。

永田はこの錦州占領をいよいよ限界として、関東軍のこれ以上の進軍を断固として制止しようとした。結果、永田は参謀本部に働きかけ、天皇からの勅語を仰ぐ形でこの進軍を止めさせた。

だが、同月二十八日には、上海事変（第一次）が勃発。日中両軍が、共同租界の周辺地域で武力衝突した。事変が上海に飛び火したのである。

他方、関東軍は「満州国建国」に向けての画策を水面下で継続していたが、永田はこのような動きに対して「独立国家の建国」ではなく「地方政権の樹立」という対案を改めて作成し、急進派の動向を牽制した。

だが、そんな永田の努力も虚しく、三月一日に満州国が建国される。

即ち、関東軍の主導によって、満州の地は中華民国からの独立を宣言したのであった。「五族協和・王道楽土の国家建設」「門戸開放による産業開発」といった指針が謳われた。

清朝最後の皇帝である愛新覚羅《あいしんかくら》溥儀《ふぎ》が、この新たな国家の元首となった。だが、総じてこの新国家の内実が、関東軍の強い影響下にあったことは否定しようがない。

つまり、満州を巡る趨勢は、石原や板垣を枢要とする関東軍が思い描いた通りの展開となったのである。

満州における関東軍の独断専行、そして国内の将校らによる相次ぐクーデター計画の発覚と、陸軍の統制は完全に揺らいでいた。

永田は一人の軍事官僚として、陸軍のあり方を根本から見直す必要性を改めて痛感した。

以降、「軍の立て直し」が、永田の軍務の最重要課題となったのである。

参謀本部第二部長

満州国建国の翌月に当たる四月、永田は陸軍少将に昇進。同時に、参謀本部第二部長に栄転となった。

この人事が意味するところは、「軍政」から「軍令」の府への転換である。軍の統制が徐々に崩壊へと向かう中、その指導的な役割には一層の期待が寄せられる形となった。

この時、参謀総長の任にあったのは、皇族の閑院宮載仁親王《かんいんのみやことひと》である。伏見宮邦家親王の第十六王子である閑院宮のもとで、永田は軍務に精励した。

参謀本部内で「作戦」「兵站」「動員」などを担当するのが第一部であり、永田が配属された第二部は「情報」「宣伝」「謀略」を専門に扱う部署である。

着任の翌月である五月、永田は上海に出張。一月から始まった上海事変の事後処理に当たった。一月二十八日に日中両軍による軍事衝突が始まった上海では、二月末には大規模な戦闘へと拡大。この戦いの折、混成第二十四旅団の工兵三名が、自爆して突撃路を開いたという逸話は、「爆弾三勇士」「肉弾三勇士」といった命名と共に内地で注目を集めた。

結局、戦闘が終わったのは三月三日。

しかし、その後も上海の治安は安定せず、四月二十九日の天長節には、尹奉吉《ユンポンギル》という名の朝鮮人が、記念式典の式台に向かって爆弾を投げ付けるというテロ事件が勃発した。これにより、白川義則（上海派遣軍司令官）、植田謙吉（第九師団長）、重光葵《しげみつまもる》（在上海公使）、野村吉三郎（第三艦隊司令長官）といった多くの日本側要人が負傷。中国との停戦協定を交渉している最中だった重光は、負傷の痛みに震えながら、

「停戦を成立させねば、国家の前途は取り返しのつかざる羽目に陥るべし」

と語ったという。

重光はテロ事件から一週間後の五月五日、上海停戦協定への署名を果たした。

永田が上海入りしたのは、その直後である。

永田はまず、テロの被害者である白川や重光の見舞いに赴いた。重光は上海停戦協定への署名の後、右足を切断するという大手術を受けていた。重光は後年、大東亜戦争の終戦時に政府の全権として降伏文書に署名するという大役を任されたが、戦艦ミズーリの甲板上で行われた調印式の際、彼が杖をついていたのは以上のようなテロ事件が理由である。

一方、白川はこのテロで負った傷がもとで、同月末にこの世を去った。

このテロの実行犯である尹奉吉は現在、韓国では「義士」「民族の英雄」として、尊崇の対象となっている。

永田はこの上海滞在中、旧友である岡村寧次とも合流。現地の最新の情勢を聞いている。岡村はこの当時、関東軍参謀副長という肩書きであった。

五・一五事件

昭和七年には、国内でも血腥いテロ事件が連続して起こった。

二月九日、前蔵相の井上準之助が凶弾に斃れて逝去。続く三月五日には、三井合名理事長・団琢磨《だんたくま》が射殺された。この二つの事件の実行犯は共に、立正護国堂の行者である井上日召《いのうえにっしょう》を熱烈に師事する者たちだった。彼らは「血盟団」という組織を形成し、「一人一殺主義」を掲げて、更なる要人暗殺を企てていた。

斯様な暗殺事件の横行が、社会にあるべき柔軟な議論を奪っていくことになる。

永田が上海から帰朝して間もない五月十五日には、日本の近代史に名を残す一大事件が起きた。「五・一五事件」の勃発である。

武装した海軍の青年将校らが、首相官邸を襲撃。時の犬養首相が、青年将校らの手によって暗殺された。首相官邸の他にも、警視庁や日本銀行も襲撃の対象となった。青年将校たちは「天皇の御名において君側《くんそく》の奸《かん》を屠れ」「国民の敵たる既成政党と財閥を殺せ」「奸賊、特権階級を抹殺せよ」などと叫んだ。

この反乱事件において、陸軍側の関与者は少なかった。しかし、この事件の発生を知った陸軍の多くの青年将校たちは、

（自分たちも国家のために立たねばならない）

との焦燥感を深めたという。

暗殺された犬養に代わって首相に就いたのは、海軍大将で後備役だった斎藤実《まこと》である。陸相は荒木が留任した。

事件直後の五月二十六日には、林銑十郎が教育総監を拝命。教育総監とは、陸軍の教育行政を束ねる責任者であり、陸軍大臣、参謀総長と並んで「陸軍三長官」と称される重職であった。

そして、参謀本部の中枢である参謀次長の職には、真崎甚三郎がいた。

即ち、かつて一夕会が示した「非長州系である荒木貞夫、真崎甚三郎、林銑十郎の三将軍を守り立てていく」という方針が、この時期に以上のような形で結実したのである。

この点において、「バーデン＝バーデンの密約」以来、永田が掲げてきた「藩閥の解消」という目標は、一定の達成を見たと言える。長州閥の権威は、間違いなく減じられていた。

同時に、非政党の斎藤内閣の発足は、大正七年（一九一八年）の原敬内閣発足から続いた日本の政党政治が、一つの終焉を迎えたことを意味していた。戦前の政党政治は、僅か十四年間

で幕を閉じたのである。

永田も、汚職を繰り返す腐敗した政党政治に幻滅し、その限界を感じていた一人であった。日本に政党政治が復活するのは、敗戦を経た戦後のことである。

五・一五事件の容疑者たちは軍法会議にかけられたが、全国的な助命嘆願運動が発生。のみならず、荒木陸相も容疑者たちに同情的な態度を示したため、将校たちへの判決は総じて軽いものとなった。

軍の統制が揺らぎ続けている。

リットン調査団

参謀本部第二部長時代の永田が取り組んだ課題を総じて言うと「満州国建国後に日本が採るべき立ち位置の模索」ということになる。

情報戦を専門とする第二部において、「対外宣伝の強化」「諜報組織の増強」「国際連盟への対策」といった事項が、永田の具体的な仕事となった。

満州事変を経て、国際社会は日本に対する警戒感を次第に強めていたが、そのような潮流への適切な対処は、喫緊の案件であった。満州国の建国後、国際連盟は直ちに「リットン調査団」を派遣し、現地調査を進めていた。

そのような国際連盟の動向を確認しながら、それに対する措置を指揮したのが、参謀本部第二部長の永田だったのである。

永田個人としては、国際連盟という組織を必ずしも評価していない。畢竟、国際連盟とは欧米の先進国に都合の良い組織でしかないと永田は看破している。しかし、だからと言って現実問題としてこの組織を軽視すべきでないことも、永田は充分に認識していた。

そんな永田が、本来は満州国の建国に否定的だったことは、前に述べた通りである。彼の理想は「地方政権の樹立」であった。

しかし、現実に建国が宣言されてしまった以上、この新国家を適切に育成していくことが何よりも肝要だと永田は判断した。永田は、満州国の建国に関する日本の立場を堂々と主張して、国際社会からの理解を丁寧に得ていくことが重要だと唱えたのである。

当時の永田が雑誌『外交時報』（昭和七年十月号）に寄稿した文章の中には、満州事変までの経緯と結果について、「非道極まる排日侮日」「暴戻なる遼寧軍閥の挑発」によって、余儀なく「破邪顕正の利刃を揮《ふる》」ったとの表現が見られる。

満州事変は確かに関東軍の策謀から始まった。しかし、同時にそこに至るまでの中国側の動向についても、合わせて充分に注視する必要がある。永田の言う「非道極まる排日侮日」という側面にも目を向けなければ、当時の日本軍が抱えた深刻なる苦悩を理解することはできない。

永田は、満州国の情勢について、直接の上官である参謀次長の真崎甚三郎と密接に協議を重ねた。永田にとって真崎は古くからの上司であったが、実は二人の間には少しずつ意見の食い違いも生じていた。この点に関しては、後に改めて記す。

リットン調査団が、報告書を通達したのは十月一日のことである。

同報告書が公表されたのが翌二日。その内容の要点としては、「日本の満州における特殊権益は認める」としたものの、「満州事変は正当防衛には当たらない」として、「満州を中国に返した上で、日本を含めた外国人顧問の指導下で、自治政府を樹立すべき」という論旨であった。

このような内容は、永田がかねてより主張していた「独立国家の建国ではなく、地方政権の樹立」という立場と、ほぼ一致する。永田としては、国際連盟と「折り合い」を付けることは、充分に可能だと判じたに違いない。

同じ十月、永田は満州国への視察旅行に出立。

この訪問の目的は、当地の最新情報を収集すると共に、関東軍の更なる独走に釘を刺すことであった。

関東軍は尚も独自に、熱河省への作戦計画を進めていた。熱河省とは、満州と中国本土との間に位置する地域で、日本にとっては戦略上の要衝とも言うべき一帯であった。

しかし、これ以上の進軍は、日本にとって致命的な信頼の失墜を招くことに繋がる。永田は関東軍に対し、陸軍中央の総意として「自制」を説いた。

だが、関東軍は既に「熱河経略平定案」なる計画を、密かに取りまとめていたのである。

第六章　派閥抗争

統制派と皇道派

昭和七（一九三二年）年の後半くらいから、陸軍内において「統制派」と「皇道派」の対立が顕在化してくる。

但し、「統制派」「皇道派」といった名称が大々的に使用されるようになったのは、昭和十年（一九三五年）以降のことであり、当時の彼らが自らをそう名乗っていた訳ではない。

本稿では以下、形式的に「統制派」「皇道派」という表現を使用する。

統制派は「陸軍主流派」と言い換えても良いが、その中心にいたのが永田である。統制派という名前の由来は、「軍内の統制・規律の尊重」という彼らの主張に起因する。

一方の皇道派をまとめていたのは荒木貞夫、真崎甚三郎、小畑敏四郎といった面々である。皇道派という名前は、荒木が日本軍を「皇軍」と呼んだことに由来する。彼らは、天皇親政による抜本的な国家改造（昭和維新）を主張した。「統制」よりも「改造」である。

永田とは長い付き合いだった真崎だが、国家の枠組みに関する基本的な考えには、決定的な違いが生まれていた。

また、永田とは陸軍士官学校時代からの盟友であった小畑も、統制派とは様々な分野で意見が衝突するようになっていた。

このような両派の齟齬を生んだ具体的な要因の一つが、対ソ戦に関しての観点の相違である。

皇道派はソ連を強く警戒した。何故なら、共産主義勢力が「天皇制打倒」を掲げていたためである。

そして、「ソ連は必ず日本に戦争を仕掛けてくる」として、「ソ連の兵力が整う前に、速戦即決による限定的な短期戦によって一撃を加えるべき」と主張した。

重工業分野の強化に国策の舵を切ったソ連は、一九二八年からの第一次五カ年計画の成功によって国力を着実に増強しつつあり、日本にとっての脅威は拡大の一途を辿っていた。

「ソ連に勝つには今しかない」

皇道派の主たる面々は、そう主張した。荒木と真崎も、対ソ戦を強烈に意識していた。

小畑は元ロシア駐在武官である。第一次世界大戦時にはロシア軍に同行するなど、「ロシア通」として豊富な経験と人脈を誇っていた。故に、ソ連の内情に関して、彼には強い自負があった。そんな小畑は「ソ連を撃つべし」という軽々な強硬論とは距離を置いたが、日ソ間の衝突は避けられないと捉えていた。

一方の永田は、「ソ連の国状を冷静に分析すれば、戦争の準備が整うのはまだ先」と解していた。永田はその上で、日本陸軍が優先すべきは「ソ連との一戦」ではなく、「軍としての自らの体制を整えること」と確言したのである。現状の陸軍の状態を見れば、内部の規律に深刻な乱れが生じているのは明らかであり、「組織の刷新なくして対ソ戦どころではない」と永田は断じたのであった。

永田は、もし対ソ戦となった場合、その衝突は局地戦では済まず、必ず「総力戦」になると見据えていた。しかし、現下の陸軍の状況は、総力戦を戦い抜く組織として甚だ心許ないと永田は思わざるを得なかった。

（現況の陸軍で本当にソ連に勝てるというのか）

永田は陸軍の規範を根幹から立て直すことを意識していた。

併せて、対外的にはソ連よりも中国との問題の解消を優先すべきことを永田は強調。満州国を巡る中国との軋轢の解決なくして、対ソ戦などもってのほかというのが彼の持論であった。

以上のように、永田と小畑の意見は正面から対立したのである。

昭和七年の暮れ、かつて陸軍大学校在籍中に永田の薫陶を受けた一人である高嶋辰彦が、それまで駐在していたドイツから帰朝。帰国の挨拶のため、まず小畑のもとを訪ねた。すると小畑は、「ヨーロッパから観た日本の満州対策についての所見」を高嶋に問うた。そこで高嶋は、「ソ満国境付近の軍備充実第一主義よりも、満州国の中央政治の充実確立、民生の安定第一義の方が良いように感ずる」といった主旨の返答をした。すると小畑は、それまでの相対した姿勢から不意に回転椅子を回して、背中を向けてしまったという。ドイツ生活が長かった高嶋は、小畑の持論を知る由もなく、訳も分からぬまま恐縮するしかなかった。

困惑しながら退室した高嶋は、それから永田に挨拶に行った。そこで高嶋は両者の対立を初めて知り、自分の意見が永田のそれに酷似していたため、小畑が気を悪くしたことを漸く理解したのであった。

両派の対立が深まる中、時の陸軍大臣である荒木は、「対ソ強硬路線」を信条とし、小畑たちに近い態度を示した。「非長州系」である荒木には、永田も期待を寄せた時期が長かったが、結果としては正面から対立する構図となってしまったのである。永田としても、忸怩たる思いがあったであろう。

それでも永田は、「対ソ戦」よりも「陸軍の立て直し」「満州国の健全なる育成」を優先すべきという立場を崩さなかった。

深まる対立

皇道派は、天皇親政のもとでの国家改造を強く志向した。

これに対し、永田を中核とする統制派は、急進的な革命的改革には懐疑的だった。現実的な漸進主義こそが、組織の歩むべき道だと永田は信じている。

但し、永田自身はこの「派閥争い」自体に無関心であった。

「私が軍にいる限り、派閥の存在など許さない」

というのが永田の口癖であったという。永田は常に全軍的な視野に立った主張を繰り返した。

彼自身が、

「自分は統制派である」

と称したりすることは、一度もなかったのである。


永田が持論の一つとして「長州閥の一掃」を図ったことは、これまでに幾度も触れた通りである。そして、その計画は充分な成功を収め、出身地域による派閥の形成という事象は、陸軍内において大きく減じた。

しかし、この効果は皮肉な結果を招いた。即ち、出身地による派閥争いが沈静化したのと反比例するようにして、思想や信条の相違に端を発する立場の隔たりが、より鮮明な形で表れるようになったのである。考え方の違いによる派閥の生成が、歴然と顕在化したのであった。

但し、これも一概に悪い現象とは言えないであろう。

組織論として、とある集団に一定の色分けが生じるのは必然である。上官となった者が、自分と思想的に近い人物を部下として脇に置くことは、仕事の効率化を図る上でも当然の帰趨と言える。

本人の努力ではどうにもならない出身地という要素を背景とした派閥の定着よりも、思想による集団の組成という状態は、より合理的な段階と看做すことができる。そういった意味において、思想の別による組織の色分けは、一つの前進として評価することができよう。

けれども永田にとっては、斯様な派閥抗争も許容し難いことであった。そして、この色分けがあまりに過剰な形で先鋭化してしまったところに、昭和陸軍の悲劇性がある。

斯かる渦中において永田は、

(同じ陸軍として一つにまとまらなければ、総力戦には勝てない)

と時代の趨勢を冷静に見据えていた。

一つの派閥争いを消し去った永田であったが、そんな彼もまた新たな相剋の中へと取り込まれていくのである。

某大尉とのやりとり

永田の性格を表す一つの逸話がある。

ある時、永田の部下に当たる某大尉が、軍事研究のためフランス駐在を命じられた。当時の陸軍の慣例には、受令者が自らの手で訓令の文章を起草し、これを基にして上官の決裁を仰ぎ、その上で正式の訓令が発令されるという手順が存在した。従って、この大尉も慣例に倣い、「仏国における軍編成上の新傾向に就いて研究すべし」との文章を自身で作成し、参謀本部第二部長である永田に提出した。すると永田は、

「これは研究の範囲が如何にも広く、君自身が困りはしないか。君はその中で何を主として研究したいのか？」

と問うた。大尉が、

「それは機械化部隊です」

と返答すると、

「それでは〈特に機械化部隊〉の七字を加えたらどうか」

と永田は諭したという。大尉は大いに納得し、文章を書き直していると、改めて永田から、

「ちょっと来てくれ」

と呼ばれた。永田が続ける。

「あの様に言ったが、機械化部隊でも尚、範囲が広すぎる。そこで君が一番、研究したいのは何か」

これに対し大尉は、

「戦車部隊です」

と応じた。すると永田は、

「それでは〈就中《なかんずく》戦車部隊〉の六字を加えてはどうだ」

と勧めたという。

こうした理詰めの論法により、当初は「仏国における軍編成上の新傾向に就いて研究すべし」との文言であった大尉の訓令は、「仏国における軍編成上の新傾向、特に機械化部隊、就中戦車部隊に就いて研究すべし」というより具体的なものへと改変されたのである。

この顚末を脇で見ていた重安穐之助《しげやすあきのすけ》は、感嘆を以て後にこう記している。重安は後の陸軍少将である。

〈由来将軍は頭脳頗る明晰、しかも快刀乱麻の手腕の持主といわれていた。その上、当時の第二部長は仲々の劇職で寸暇も惜しい。一方の相手は些々たる一大尉部員である。この対照において将軍があれ丈けの気を使い、時間を費されたのである〉(『陸軍中将永田鉄山小伝』)

国際連盟脱退

熱河省の帰属を巡る日中の対立は尚も続き、両軍による軍事衝突が各所で散発的に起きていた。

昭和八年（一九三三年）二月十八日、満州国は熱河省への討伐戦を決定。同日、関東軍は日満共同防衛の立場から、この戦闘に参加する声明を発表した。斯くして「熱河作戦」の火蓋が切られたのである。

日満連合軍は熱河省へと進軍。三月四日には省都である承徳を占領し、同月十日前後には万里の長城まで達した。その後、中国側の激しい抵抗に対処するため、日本軍は第六師団や第八師団の主力を派兵した。

こうして、熱河省での戦闘は、泥沼化の様相を呈していく。

そんな中、三月二十七日に日本は国際連盟を正式に脱退。前月に行われた国際連盟特別総会の場において、リットン調査団の報告が賛成多数で可決されたことがその要因であった。

この脱退により、国際的な日本の立場が一段と苦境に追い込まれたのは事実である。日本は脱退時まで常任理事国の座にあったが、その要職を自ら放棄したことになる。

但し、当時の国際連盟が多くの矛盾を内包した機関であった一面も軽視できない。

国際連盟の提唱国であるアメリカは結局、発足時から不参加。ロシア革命後のソ連も当時は参加していなかった。ブラジルは日本の七年も前に早くも脱退。日本の脱退後はすぐにドイツが続き、その四年後にはイタリアも同様の道を辿ることになる。

帰するところ、当時の国際連盟は、国際社会が一致団結して運営しているような組織ではなかった。国際連盟の脱退を以て、日本一国が国際社会から孤立したような連想を得るのは間違いである。このことは、当時の国際状況を俯瞰する上で、相応に認識すべき史実と言えよう。

国際連盟から脱退した日本であったが、中国との二国間関係においては進展が見られた。五月三十一日、日中両軍の停戦協定が成立したのである。「塘沽協定」と呼ばれるこの合意により、柳条湖事件に端を発した一連の両軍の軍事的衝突は漸く停止されるに至った。

同協定締結における日本側の代表は、永田の旧友である岡村寧次であった。岡村はこの当時、関東軍参謀副長の任に就いていた。

日本と中国の紛争状態は、この協定により一旦、収束することになる。即ち、両国は満州事変から一直線に日中戦争（支那事変）へと突き進んだのではない。満州事変からポツダム宣言までを一本の線で結ぶ「十五年戦争」なる表現は、この点において正確とは言い難いのである。

永田の戦争観

陸軍内での統制派と皇道派の対立は、更に激化した。

陸相の荒木は、皇道派の理論的な指導者となっていた。そもそも、皇道派という名前は、荒木が日本軍を「皇軍」と呼び、「天皇親政による国家改造」を説いたことに由来する。

小畑は、そんな荒木の「私設参謀長」と揶揄されるほどで、二人の間の信頼関係には、揺るぎないものがあった。

他方、外相の広田弘毅や、蔵相の高橋是清といった者たちは、永田の見解に近かった。

永田の信念は固い。皇道派の言動を永田は事あるごとに批判し、過激な国家革新運動と、ソ連に対する「安易な開戦」を強く戒めた。永田は言う。

荒木貞夫

「一日の戦費があれば、数カ月の平和を維持することができる」

永田は「将来の戦争は世界戦争になりやすい」「その惨禍は想像にあまりある」「勝利者の利益は、払った犠牲に及ぶべくもない」と今後の戦争の形を予測。「国民は戦争による利益を求めてはならない」「最後まで外交工作によって極力、戦争を避けなくてはならない」と持論を披瀝した。

これこそが、彼の偽らざる戦争観であった。

総力戦の恐ろしさを知悉している永田だからこそ、万が一の備えはしつつも戦争を回避する道を懸命に探り、安易に開戦を叫ぶ勢力を重ねて牽制したのである。それが軍人・永田の「国防」であった。

しかし、そんな永田のもとには、皇道派からの誹謗中傷の声が集中するようになった。

かつての盟友である小畑との対立は、もはや決定的だった。

歩兵第一旅団長への転補

昭和八年八月、永田は参謀本部第二部長から歩兵第一旅団長に転補。「陸軍中央の頭脳」から離れることを意味するこの人事は、永田にとって歯痒さの残るものであった。

この転属は、派閥抗争の激化を回避しようという上層部の意図による決定であったと言われている。小畑との対立が先鋭化したことに対する懲罰的な意味もあったとされる。

こうして永田は参謀本部を去った。

だが、それは小畑も同じであった。小畑も参謀本部第三部長から近衛歩兵第一旅団長に転出となったのである。差し詰め「喧嘩両成敗」といったところであろう。

九月十日付で、永田は郷土の後輩である矢崎勘十に手紙を書いている。そこには、当時の永田の本心が綴られている。

〈対蘇準備は不断に之を為しあるを要すべく而して此準備のもっとも根底的なるものは対満、対支国策の遂行を最要事と致すと存じ候、流言蜚語横行、非常時に於ける当然の現象なるべく、識者は之を黙殺して社会の神経衰弱を癒す如くするを肝要と存じ候〉（『陸軍中将永田鉄山小伝』）

永田は矢崎に対し、頻繁に書翰を送っている。矢崎に心を許し、期待を寄せた面があったのであろう。続く十月十八日付の手紙には、次のような文言が記されている。

〈国が貧乏にして思う丈けの事が出来ず、理想の改造の出来ないのが欧米と日本との国情の差中最大なるものなるべし、此の欠陥を糊塗するため粉飾する為に、まけ惜しみの抽象的文句を列べて気勢をつけるは止む得ぬ事ながら之を実際の事と思い誤るが如きは大に注意を要す〉（同書）

「持たざる国」を「持てる国」にしようというのは、皇道派も同様である。しかし、皇道派はその変貌への動力を「精神力」に求めた。現実主義者である永田は、斯様な風潮を嘆いた。陸軍に色濃く漂う抽象的な精神論に対し、永田は「大に注意を要す」として警鐘を鳴らしている。この言葉は、昭和の陸軍の動向を考えると大いに示唆的である。この辺りにも、永田の先見性の一端を感じることができよう。

家庭での永田

そんな永田だが、私生活の面では後妻である重子との間に、一男一女をもうけていた。昭和七年一月二十七日に誕生した昌子と、昭和八年三月二十四日に生まれた征外雄《そとお》である。亡き前妻との間の子である長男・鉄城と、長女・松子は、既に二十歳を越えていたが、大きく年齢の離れた二人の子どもの誕生を永田は心より喜んだ。

参謀本部から離れ、歩兵第一旅団長に転じた永田は、俄に時間の余裕が生まれたことを幸いとして、家族との穏やかな日々を愉しんだ。そのような時間は、彼にとって束の間の良い休息となったであろう。

永田は幼き子どもたちを、自らよくあやしたという。妻の重子は、家庭内での永田について後にこう述べている。

〈永田は家庭に帰りますと、父として本当に暖かい目で子供たちの相手をしておりました。厳しい中にも暖かい心を失わないやさしい父でした〉(『秘録　永田鉄山』)

陸軍内では「建軍以来の頭脳」「軍人らしからぬ紳士」「大学教授のよう」などと評されていた永田であったが、家庭内では存外に「普通の父親」だったのかもしれない。たまの休日には、青年時代からの趣味である囲碁を楽しんだり、酒を呑むことも多かった。量もかなり呑む酒豪であったが、酔っ払って乱れるようなことは殆どなかった。

但し、外での酒宴の場では、部下たちの前で浪曲や踊りを披露したこともあったと言われている。俗謡の『鴨緑江節《おうりよつこうぶし》』が得意だったという話も残っている。

昭和八年、東京都杉並区に「信武寮」という建物が竣工したが、これは永田の協力によるところが大きかった。この信武寮を所有したのは、長野県出身の陸軍将校の懇親などを目的とした「信武会」という組織であったが、永田はこの建設計画に関して資金面も含めて積極的に援助したという。

以降、多くの若者たちが、この寮で起居した後に巣立っていった。

信武会は戦後、「財団法人　信濃育英会」となり、現在では「公益財団法人　信濃育英会」へと発展を遂げている。

軍務局長

昭和九年（一九三四年）一月、荒木貞夫が肺炎による体調の悪化を理由に、陸相を辞任。しかし、実際には予算に関する自らの主張が充分に反映されなかったことが、辞職の要因であった。荒木は徴兵の主たる供給源である農村の窮状を訴え、農業分野への予算の増額を要求したが、蔵相の高橋是清は重工業への投資の促進を主張。結句、高橋の案が概ね採用されたのである。

陸相の後任には、林銑十郎が選ばれた。

林は旧加賀藩士の家系の出身。生誕したのは明治九年（一八七六年）である。金沢市の石川県師範附属小学校から四高補充科に進んだが、日清戦争の勃発を契機に同校を中退して陸軍士官学校に入学。その後、陸軍大学校を経て日露戦争に従軍し、旅順の攻略戦などにも参加した。以後、陸軍大学校長、近衛師団長などの要職を歴任。満州事変の折には朝鮮軍司令官として、独断で越境したことでも知られる。

そんな林だが、彼は皇道派に一定の理解を示した時期もあったが、その後は統制派との距離を縮めていた。

この林を陸相に推したのは、永田の意向であったとも言われている。

皇道派の枢要であった荒木が陸相の座を去り、その後任に統制派に近い林が就いたことによって、陸軍内部の力学はまた新たな段階を迎えることになった。即ち、皇道派の失速と、統制派の盛り返しである。

この人事により、陸軍中央は「荒木軍政」との訣別を図ったとも言える。

このような時流の結果、永田は三月に陸軍省軍務局長に新補。歩兵第一旅団長から、一挙に栄転を果たした。この人事の背景に、林陸相の差配があったことは容易に想像が付く。

これが「林・永田体制」とでも言うべき、新局面の始まりであった。

林銑十郎

加えて、永田は軍事参議院幹事長も兼任。詰まる所、永田の復権と言えよう。永田は林から深い信認を得ていた。

「諏訪の俊才」も、五十歳になっている。

かつて高級課員として在籍した軍務局に、永田は局長として復帰を果たした。改めて記すが、軍務局とは国防の大綱や、予算の統制に関する事項などを取りまとめる「軍政の中枢」である。その組織の局長と言えば、まさに政務幕僚の心棒であり、陸軍大臣の補佐役とも言えた。

この人事は「軍の統制の立て直し」を掲げる永田の手腕に、大きな期待が寄せられた結果である。

だが、その一方で、教育総監の職には真崎甚三郎が就いていた。当時の真崎は、皇道派の青年将校たちから多くの支持を集める存在であった。

皇道派の趨勢には、昭和天皇も憂慮を示されていた。侍従武官長の本庄繁《ほんじょうしげる》は、「陸軍の不統一について宸襟《しんきん》を悩まされあること」に関して、真崎に注意を促したという。

かつては永田と親交の深かった真崎であったが、いつしか二人はそれぞれの派閥の中心として衝突するようになったのである。

四月、林陸相の実弟が汚職事件で求刑されるという騒動が持ち上がった。林は事態を収拾するために辞表を提出した。

しかし、これを懸命に引き止めたのが永田であった。皇道派と距離を置く林の存在は、必ず陸軍の安定に資すると永田は確信していた。永田は各方面の重臣らと連携しながら、林を何とか翻意させた。

結句、林は陸相の職に留まったのである。

部下思いの性格

陸軍随一の理論家であると同時に、永田には部下に優しい人情を見せる一面もあった。部下の異動の折、永田自ら駅のホームまで見送りに姿を現したこともあったという。

昭和九年頃、故郷である諏訪郡の玉川村（現・茅野市玉川）の在郷軍人会が、郷土の誇りである永田に「班旗への揮毫」を依頼したことがあった。

だが、永田は自身の筆には自信がなかった。永田を知る者たちの回顧の中にも、「字だけは拙かった」といった証言が少なくない。確かに、永田の記した書状などを確認すると、右肩下がりの角張ったその文字は、お世辞にも巧みとは言えない。他者が真似できないその字体を評して、

「実印不要の字」

と周囲から冷やかされた程であった。

揮毫を頼まれた際には、「ペンなら書くが筆では書かぬ」と応じるのが常であったという。

しかし、この時は同郷人からの頼みとあって断りづらかったのであろう、

「一年位、手習いするから待ってほしい」

と永田は返答した。

それから四カ月ほど経って、永田から在郷軍人会側に、「書けた」との通知が届いた。諏訪から受け取りのために上京した軍人会の者に対し、永田は、

「明治神宮を遥拝して筆を執りました。お受け取りください」

と述べ、揮毫入りの班旗を手渡したという。

生真面目であると同時に、情に厚い面を持った永田の性格を表す、一つの逸話と言っていいであろう。

また、永田の部下の一人であった清水菊三は、戦後にこう述べている。

〈永田将軍は度量の大きい、片意地など寸毫も無い闊達無碍の大材であった。しかも自ら尊大ぶったり、秀才ぶったり、大言壮語等は全くせず平々凡々たる人物の姿をしていた〉（『陸軍中将永田鉄山小伝』）

「平々凡々たる姿をしていた」とは、永田という人物を理解する上で、存外に重要な言葉かもしれない。真に優れた名刀とは、常時は静かに鞘に収まっているものであろう。

例えば、永田は石原莞爾のような生来のカリスマ性に裏打ちされた天才的な理想主義者では

ない。永田は理想は持ちながらも、軍中央における現実的な実務者として、目前の仕事を着実に進展させていくタイプの偉材であった。同じく永田の部下であった有末精三は、戦後に次のように証言している。

〈ちょっと見ると非常な秀才型であるように見えるけれども、秀才型の秀才には違いないが、先見のある理想を持った人である、と同時に、所謂普通の理想主義者と違ってなかなか現実を見ている、これが永田さんの特色でした〉（『秘録　永田鉄山』）

石山賢吉との面談

同じく昭和九年頃の話として、以下のような逸話がある。

証言するのは、市川憲次という人物である。彼の叔母が永田の本家である守矢家に嫁いだ関係から、永田と親しくなったという。

そんな市川の友人の一人に石山賢吉がいた。石山は経済誌『ダイヤモンド』（現・週刊ダイヤモンド）を発行するダイヤモンド社の創業者である。その石山が市川に、

「永田軍務局長と一夕、ゆっくり懇談がしたいので、仲介の労をとってくれ」

と依頼した。雑誌の誌面にするか否かは別にして、陸軍側の動向に関する最新の情報を得た

いという石山の所望であった。

永田は多忙であったにも拘らず、「誌面にはしない」という条件で、この求めに応じた。

後日、懇談の席が設けられた。永田は定刻通りに姿を現し、石山を喜ばせた。

永田は一人の大佐を同伴していた。永田は冒頭、

「私は今日は刺身のツマであるから、この大佐に聞いてくれ」

とまず断った。実際、この席において永田は殆ど発言しなかった。慎重な性格の永田らしく、マスコミ関係者には常に警戒心を持っていたのであろう。

懇談はこの大佐の話を中心として進み、やがて散会となったが、その時、永田が石山に、

「一つお伺いしたいことがあります。是非、教えて頂きたい」

と口を開いた。仲介役として臨席していた市川の証言によれば、永田は以下のように口にしたという。

〈実は軍はご存じの通り、日本の運命を背負っており今後軍備の飛躍的拡充を要請されている。しかしこの拡充のための予算は、なかなか政府が認めてくれない。私共は現段階における日本の立場とその立場を守る軍のぎりぎりの要請を述べてその実体が判ってくれる政界、財界の人を求めている。私共は何も軍の要請をうのみにするイエスマンを希望しているわけではない。

私共の真の要請を受けとめてこれを咀嚼し得る大蔵大臣によい人はいないものかと思っている〉（『秘録　永田鉄山』）

当時の永田が抱いていた問題意識の輪郭が伝わる言葉である。更に、永田はこう続けたという。

〈石山さん、腹のすわった大蔵大臣候補はいないものでしょうか、教えて下さい。これは軍人すべての悲痛な叫びなのです。軍人は一割減俸に甘んじている。国民に理解してもらえるためには、もっと下げてもらってもよいと皆云っている。予算をとるためには先ず国民の理解が必要である。そして次にこの国民の理解を代表する腹のすわった国士的な大蔵大臣が必要である。どうかよい人を教えて下さい〉（同書）

遡ること昭和四年の七月に発足した浜口雄幸内閣は、財政の立て直しのため、官吏の一割減俸という政策を断行したが、その対象の範囲には軍人も含まれていた。そのことを踏まえた上で、永田が「予算の獲得」と「国民の理解」を如何に両立していくべきか、切に苦労していた様子が窺い知れる。

永田の苦悩は、まさにこの点にあった。先の永田の発言には、彼の衷心からの懊悩が溢れている。

「軍の政治への関与」という言葉を用いることは容易い。しかし、「軍国主義」或いは「陸軍の暴走」なる表現だけでは収まり切らない「陸軍の叫び」にも耳を傾けなければ、昭和史の本質はその正体を霧の中に隠してしまうであろう。

石山は永田の発言に驚いたという。しかし、永田は至って真剣な表情であった。石山が聞く。

「よい人があったら、永田さんはどうする気ですか」

この問いに、永田はこう答えたという。

「早速、私共として大蔵大臣に推薦したいのです」

結局、石山は二人の実名を挙げたというが、それが誰だったのかは残念ながら明らかとなっていない。

統制派による人事

教育総監という要職にあり、皇道派の領袖でもあった真崎甚三郎は、昭和九年六月二十六日、陸軍校長会議の席で「青年将校たちによる国家革新運動」に関し、こう述べた。

「軍人は実際の政治に干与するは不可なり。然れども予は聖諭（著者註・軍人勅諭）には法規的に絶対禁止しあるとは解せず。実際政治の限界は事実問題によらざれば一般的には明確に区別し難し」

加えて真崎は、

「青年の将校の集会を一概に禁止しあらず」

と断言したのであった。

この発言を知り及んだ昭和天皇は、侍従武官長の本庄繁に対し、

「総監の地位にあるものにして不可解」

と口にされたという。

軍務局長の立場にある永田は、そのような皇道派の動静に対処する重責を負っていた。そして、永田は陸軍内の統制を再建する第一歩として、皇道派を中央から遠ざける人事を推進する決意を固めたのであった。

真崎甚三郎

皇道派が主張する「天皇親政による国家革新」や「対ソ戦」といった過激な思想は、陸軍の迷走を深める主要因だと判じられたためである。

陸軍内の統制の枠組みを整えることが何よりも先決

だと永田が位置付けていたことは、これまでにも繰り返し述べた。大臣を中心とした適確な軍政が実現しなければ、組織としての致命的な脆弱さに繋がる。それは、国防を揺るがす重大な危機を誘発するかもしれない。

永田は何よりも「軍の統制」を重んじた。

こうして迎えた八月、新たな人事異動が発表となった。

陸軍次官だった柳川平助や、軍事課長の山下奉文といった皇道派の中軸は、軒並み更迭された。永田らの企図は、このような形で一定の成果を見たのである。

その後も永田は、皇道派の面々を躊躇なく陸軍中央から切り離し、その上で組織の体制を土壌から再整備することに邁進した。

斯くして、陸軍内での両派の対立は、統制派の優勢が鮮明となったのである。

しかし、このような人事は、数多の敵対者を生んだ。人事が人の恨みを買うのは、いつの世も同じである。

対外的には、永田の持論である「対ソ戦よりも満州の健全経営を優先」という方針が、現実的に少しずつ進展した。

ここで、永田のソ連への見地を改めて記そう。

勿論、永田もソ連への備えは肝要だと規定している。しかし、強大な軍事力を有するソ連との開戦となれば、それこそ日露戦争時のような「国家の命運を賭けた大戦」となることは必定である。それどころか、近代兵器の一層の進歩を考慮すると、日露戦争を遥かに上回るまさに「総力戦」となる可能性が極めて高い。

しかし、現状の日本陸軍は、そのような大戦に耐え得るような体制に達していない。従って、ソ連との関係は外交交渉によって懐柔していくより他にない。

永田の以上のような主張に、陸軍大臣の林も賛成であった。

また、中国に関しては、満州国の情勢が次第に安定化の方向に向かっている状況を踏まえ、陸軍としては暫く「静観」「現状維持」を基本とする方針が定められた。

陸軍は、外務省と協調する姿勢も明確に打ち出した。

林と永田が示したこのような方向性に対し、皇道派は強く反撥。

「永田は弱腰」

「永田は外務省の言いなり」

といった悪評も立った。

陸軍の内部抗争は、尚も燻っていたのである。

陸軍パンフレットの配布

昭和九年十月、『国防の本義と其強化の提唱』と題された一冊のパンフレットが国内に広く配布された。

陸軍省新聞班の手によって、一般の国民向けに作成されたこの冊子の冒頭は、以下の有名なフレーズから始まる。

〈たたかひは創造の父、文化の母である〉

通称「陸パン」と呼ばれたこの冊子は、「国防国家建設の必要性」「将来の戦争にどのように備えるか」といった論点を、分かりやすい形で国民に訴え掛ける内容であった。「軍備の充実」「経済統制の実施」「資源の確保」といった事項の必要性についても、丁寧な説明が施されていた。

このパンフレットの発案者が、誰あろう永田である。永田の指示によって、陸軍省新聞班が原案を作成。その原案を永田が自ら手直しした上で承認したのが、このパンフレットであった。

その中身には当然、永田自身の「国家総動員体制」への理想が、大きく反映されている。

つまり、このパンフレットには、

「戦時のことは、平時に如何に準備しておくかが肝要である」

という永田の信念が、まさに体現されていたと言えよう。

その他、同パンフレットでは、農村や漁村の現状などを念頭に「貧困」「失業」といった問題も指摘されている。「国民大衆の生活安定」が、「国防」に繋がることを強く意識した作りとなっていた。

この辺りの構成にこそ、永田が描く理想の国家像が如実に反映されている。

このパンフレットは、公文書としては異例の十六万部も発刊された。

しかし、政界や各種メディアからは、強い反対の声が寄せられた。新聞各紙は「陸軍の政治関与」といった見出しの紙面を相次いで掲載。陸軍を鋭く非難した。世論も陸軍に対して冷たかった。

このような「国防アレルギー」は、戦後日本の一面にも通底する部分である。「国防」を遠ざければ「平和」が実現すると安易に考える層というのは、いつの世にも存在する。

永田は、このような社会の反応をある程度は覚悟していたが、持論である「適切なる国防意識の浸透」を実現することがどれだけ困難な作業であるか、改めて痛感したのであった。

陸軍士官学校事件

このパンフレットには、国防政策の一つとして「満州国の強化育成」という内容も明記されていたが、この部分に皇道派は反駁した。皇道派の主張は「満州国の強化育成」よりも「対ソ戦」の優先である。

永田の「敵」は、確実に増えつつあった。

そんな内部抗争が続く中、陸軍内では次第に、

「永田は一部の政治家と癒着し、様々な陰謀を計画している」

といった根拠のない悪評まで流布されるようになった。

斯かる風潮の中で、真崎の耳にも永田に関する様々な噂が、連日のように入れられた。かつては信頼関係にあった二人も、こうして確執を深めていくのである。

十一月には「陸軍士官学校事件」が勃発。「皇道派の青年将校たちが、陸軍士官学校の生徒たちを煽動して、クーデターの計画を画策した」という事件である。皇道派の磯部《いそべ》浅一《あさいち》（一等主計）や、村中孝次《むらなかたかじ》（歩兵第二十六連隊大隊副官）らが、事件の容疑者として逮捕された。

同事件の真相には諸説あるが、実は皇道派を排除するための陰謀であったという説が根強い。事件をでっちあげたのは、統制派の辻政信であったと言われている。

辻と言えば、後の大東亜戦争の際、多くの事件に関わったことで歴史に名を刻む軍人である。

明治三十五年（一九〇二年）、辻は石川県江沼郡に生まれた。名古屋陸軍地方幼年学校から陸軍中央幼年学校、陸軍士官学校（第三十六期）を経て、歩兵第七連隊に配属。その後、陸軍大学校（第四十三期）を卒業した。陸軍大学校の同期には、秩父宮雍仁親王《ちちぶのみややすひと》がいた。

そんな辻だが、この陸軍士官学校事件の後には、ノモンハン事件に深く関与。大東亜戦争勃発後は、参謀としてマレー作戦やポートモレスビー作戦、ガダルカナル戦などを指導した。

戦後は、著作『潜行三千里』がベストセラーとなり、政治家に転身。衆議院議員や参議院議員を歴任した。参議院議員在任中の昭和三十六年（一九六一年）、視察先のラオスで行方不明となり、死亡宣告が為されている。

陸軍士官学校事件の後、「事件を捏造した辻の背後には、永田がいる」という言説が、皇道派の青年将校たちの間に広まった。そして彼らは、「この事件は永田が策謀した」と断定したのである。

実際には、永田が同事件に関わったことを実証するに足る一次史料など、現在に至るまで一片も発見されていない。

だが、この風説の拡散により、多くの青年将校たちが永田に深い怨恨を抱くようになった。

永田は、陸軍の「内なる脅威」に深く悩まされた。

非合法活動の否定

新聞や雑誌などのメディアは、永田と小畑敏四郎の対立をこぞって書き立てた。

しかし、実際の二人の間には、一定の信頼関係があったという説もある。元々、二人は若き頃からの盟友であり、意見の相違は確かにあったが、それは私怨や憎悪というような感情的な対立ではなかったとも言われる。

だが、周囲はそうは捉えず、「永田と小畑の対立」という図式は、徒に煽られながら不自然な形で増幅していった。

そんな永田だが、彼は青年将校たちが唱える「国家革新」について、その心情自体にはそれなりの理解を示していた。

しかし、武力によるクーデターという非合法手段を用いての革新運動は、根底から否定した。永田はあくまでも「憲法の範囲内で合法的に国家の改造を進めていくこと」が重要だと思慮していた。永田は遵法精神に厚い軍人であった。「急激の害を避けつつ漸進的過程に於て而も明るく力強く行詰りの打開を策する所に苦心存じ」とは永田の言葉である。しかし、斯様な姿勢は、「永田は国家革新を阻止する者である」といった誤解を周囲に生むこととなった。
昭和十年（一九三五年）一月八日、激化する派閥争いの中で、永田は矢崎勘十に以下のような手紙を送った。

〈社会神経衰弱に罹り近時はそれが軍隊迄蔓延、加え軍内又々別の意味の閥様のもの出来、狭量ややともすれば我執に即し他を排する弊風生じ将軍の或るものは子分を求め後進は特定の将軍あたりを親分と担ぎ、党同閥異、朋党比周、軍隊を動《やや》もすれば家の子郎党化せんとす、痛嘆に不堪、多年藩閥の弊と戦い来れる生等は実に軍内に擡頭しつつあるこれ等弊風と戦わざるを得ず、一弊去って一弊起る、遺憾の至なり〉（『陸軍中将永田鉄山小伝』）

「神経衰弱」という言葉を、当時の永田は各所で多用している。当時の永田が抱いていた日本社会に対する心象を、最も適確に表現した言葉だったのであろう。

予算の編成

関東軍は「華北分離」を主張した。華北の一部を日本の影響下に置こうという画策である。
昭和十年一月初旬に関東軍が開催した「対支蒙諜報関係者会同」では、華北における「親日的な傀儡政権の樹立」「排日感情の抑制」といった趣意の骨子が打ち出された。

このような政治工作は、東京の陸軍中央の方針と相反するものであった。永田は当然、関東軍の態度に異を唱えた。


永田が局長を務める軍務局は、軍の予算編成について最も重要な役割を担う部局である。

永田はこの分野においても、見事な辣腕を発揮した。各組織の利益が衝突し合う予算についての議論は例年、揉めに揉めるのが通例であった。前陸相の荒木貞夫が、予算案を巡る大蔵省との対立を契機に辞任したことは、先に触れた通りである。

永田は大蔵省との折衝は勿論、他の関係省庁とも緊密に連絡を取り合い、豊富な人脈を活かしながら、周囲が驚くほどスムーズに交渉を進めていった。

その手腕には、多くの者が舌を巻いたという。それは、陸軍内の現状を正確に見極める能力の他、政界や財界の最新の趨勢など、幅広い知識や視野を有していなければできない仕事振りであった。

「さすが永田だ」

そんな声が、軍の内外から相次いだ。

予算を取らなければ、どんな崇高な計画も実行することはできない。この点において、永田は軍の中で派手さはなくとも極めて重要な仕事を巧みに統率したと言える。

この時期、永田は健康面ではやや不安を抱えていたが、それを感じさせないほどの優れた活躍であった。

その他、永田が軍務局長時代に携わった仕事は、軍の機械化（最新兵器への刷新）、国内の防空施設の充実、青年学校の制定、満州国の獣疫予防施設の改善、軍用鳩の増殖・改良など、実に多岐に及んだ。

永田は当初、「軍の機械化」の一環として、最新の戦車の導入を検討したが、予算に限りがある中で、国内の防空施設の整備を優先する結論を下した。

航空機などの軍事技術が飛躍的に向上する中で、戦争の形もまさに「局地戦」から「総力戦」へと変貌し、戦闘地域と非戦闘地域の線引きができない時代を迎えていた。国土全体が戦場となる可能性の有無を検証しなければならなくなっていたのである。

そういった時代背景に鑑み、永田は防空施設の拡充を選んだのであった。

これは、永田にとっても苦渋の決断だった。しかし、このような永田の方針を顧みると、彼の「国防論」の重心がどこにあったのか、その一端を窺い知ることができるように思える。

永田は「兵器の近代化」という懸案と相俟って、最新の科学にも大変な興味を示した。永田は幼馴染みである岩波茂雄を仲介者として、物理学者の寺田寅彦とも親しく接した。永田は寺田の科学的精神に感銘を受け、地道な研究の重要性について改めて認識を深めたという。

また、同じく同郷の旧友である気象学者の藤原咲平とも、密な親交を続けていた。この交遊は、陸軍が中央気象台と協力して、野戦に必要な最新の気象情報を速やかに入手する体制の構築へと繋がった。

武藤章

とかく精神論を好む性向の人物が多かった当時の陸軍内において、永田のような徹底した合理主義者は異彩であった。永田の部下であった武藤章《むとうあきら》は、冗談で「鉄山院殿合理適正大居士」なる戒名を作ったという。永田の性格をよく表した言葉と言えるであろう。

因みに、武藤と言えば永田以来の大物軍務局長として大東亜戦争に至る陸軍軍政を担ったが、終戦後の東京裁判において、一方的に「A級戦犯」と断じられて処刑されることになる人物である。

いつしか永田は、

「永田の前に永田なく、永田の後に永田なし」

と称されるようになった。

永田は遂に「陸軍の至宝」とまで賞賛される存在になったのである。

渋谷での生活

永田は渋谷に自宅を構えていた。住所は「渋谷区松濤五ノ五」である。

自宅で家族と過ごす時間は、彼にとって唯一の安息であった。前妻との間の長男である鉄城は、足に持病を抱えていたこともあって職業軍人への道は選ばず、荻窪の川南郵便局に就職して自立した。

渋谷の家屋は決して小さくはなかったが、殊更に豪華というほどでもなく、陸軍省の軍務局長という地位を考慮すれば、寧ろ質素とも言えるような建物であった。二階建ての家屋の一階は、八畳、六畳二間、三畳の玄関という間取りだった。

小さな庭の植木をいじるのが永田のささやかな趣味の一つであったが、それも軍務局長を拝命してからは、なかなか愉しむ時間がなかった。

平日の帰宅も夜遅くになることが増えたが、そんな時は、

「子どもたちと遊びたいから、昼寝をさせてでも起こしておいてほしい」

と妻の重子に頼んだという。

永田はその生涯を通じて、家庭を大切にした。永田は早くに父親を亡くしているが、この辺りの自身の経験が、生き方の土壌となったに違いない。

昭和十年二月二日には、三男となる忠昭が誕生。結句、後妻の重子とは三人の子どもに恵まれたことになる。

元政治記者で、後に陸軍省嘱託に転じた大熊武雄は、永田の子煩悩ぶりについて、次のように書き記している。

〈筆者の訪れた時など当年四歳の令嬢が客間にヨチ〳〵歩いて来て茶菓子を失敬した時『コラツお客のお菓子を占拠してはいかん、海軍は未だ出る幕ではない、後退して居れ』等といふユーモアたつ《ママ》ぷりの場面を見せてくれたこともあつた〉（『経済往来』昭和十年九月）

「四歳の令嬢」とは昌子のことを指していると思われる。「四歳」というのは、「数え年」であろう。「満年齢」では「三歳」となる。

また、永田家では親戚筋の子どもたちを同居させて面倒をみていたため、普段からことのほか賑やかであった。そんな書生の一人であった守矢親人は、当時のことをこう追憶する。

〈私は諏訪中学卒業後永田鉄山の家に寄偶《ママ》し、医者となることが出来た。（略）叔父（著者註・永田）の日常の仕事は誠に気の毒を極める多忙さであった。外の出来事は家庭では何も語らぬ好々爺であったが、いつも俺は畳の上で普通の死に方は出来ないなど口ぐせに言っていた〉（『陸軍中将永田鉄山小伝』）

元々、堅強な身体とは言えなかった永田であったが、この頃には体調を崩す日々が増えた。殊に消化器系の不調を訴えることが多く、来客を遇している際にも胃の痛みを口にすることがあったという。

酒席に及んだ折には、徳利の中に「ゲンノショウコ」を入れてから呑むこともあった。「ゲンノショウコ」とは、胃腸に良いとされる生薬の一種である。

そんな永田は時に、

「軍人をやめて親戚一同を引率し南洋へでも移住し、皆一緒に働いたら嘸《さぞ》愉快だろうな」

などと零すこともあったと守矢は回想している。

天皇機関説と国体明徴運動

昭和十年二月十八日、貴族院の本会議の席で、菊池武夫（陸軍予備役中将）ら複数の議員が、

「天皇機関説」を反逆思想であるとして糾弾する事態が発生した。

天皇機関説とは、東京帝国大学名誉教授の美濃部達吉らが唱えていた一つの憲法学説である。その概論は、「統治権の主体は法人たる国家にある」とするもので、天皇はその「最高機関」であるという理論である。これは、ドイツの公法学者であったゲオルグ・イェリネックの国家法人説に立脚した説に相当する。

これに対し、「統治権の主体は天皇である」とするのが「天皇主権説」であり、この立場においては「天皇大権の神権的絶対性」が重ねて強調される。

この二つの学説にまつわる議論は、明治末期に論争が広がって以降、天皇機関説が優位となり、立憲主義の基軸を成す理論として一定の定着を見ていた。

しかし、昭和十年に入ると、この議論が政党間の政争に利用されるようになり、国内で再び論争を呼ぶ事態となったのである。

三月、衆議院は天皇機関説を否定する「国体明徴決議」を満場一致で可決。以降、在郷軍人会や国家主義団体などを中心として、「国体明徴運動」(天皇機関説排撃運動)が国内に拡大した。教育総監であり、皇道派の枢要でもあった真崎甚三郎は、

「天皇機関説は国体に反する」

という立場を表明。この趣意は、全軍に通達されるに至った。

一方の永田は、天皇機関説に関して、

「反逆思想とまでは言えない」

という意見だった。

永田にとっての真崎とは、かつては信認を寄せた相手であったが、ここにきて思想上の対立は如実に顕在化していた。

国体明徴運動は更に拡大し、八月三日、時の岡田啓介内閣が「国体明徴声明」（第一次）を発表した。

天皇機関説に一定の理解を示した永田であったが、そんな彼も国民の国体観念の薄弱さに関しては、大きな危機感を抱いていた。故に、国体明徴問題が起きた当初、永田はこの運動に賛成の意を表した。

しかし、この案件が徐々に政治問題化していく過程において、永田は再び慎重な態度に転じた。

そして、天皇機関説から国体明徴運動へと続くこの一連の時流が「政府声明」という形で決着したことについて、永田は疑義を呈したのである。

伝統ある国体観念を、政府の造語によって表現するという行為に対して、永田は違和感を抱いたのであった。永田はこの「政府声明」に関し、更なる推敲の必要性を主張した。

だが、以上のような永田の態度は、またも新たな誤解を招くことになった。

「永田は国体明徴運動に反対している」

といった言説が囁かれるようになり、「反永田」の勢力がこれを利用したのである。

高い山には強い風が吹くものであろうが、永田にとっての難しい局面は長く続いた。解決すべき仕事も必然的に増え、自宅で夕食を摂れる日は週に一度もないような生活となった。

この頃より、永田の顔から笑みがめっきり減ったという。

永田の胸中は、混迷を深める陸軍をどう立て直すかという主題で充たされていた。家庭を顧みる心の余裕も、次第に失われていったのである。

それでも永田は、自身を鼓舞するかのように、

「邪は正に勝たず」

と周囲に語りながら、本務に奔走した。

満州への視察

昭和十年五月二十一日、永田は陸軍大臣の林銑十郎らと共に東京を発った。満州国への視察旅行に赴くためである。

一行の中には陸軍省軍務局軍事課満蒙班長・大城戸《おおきど》三治《さんじ》、対満事務局庶務課長・増田《ますだ》甲子七《かねしち》

といった同行者の姿があった。増田甲子七と言えば、戦後に吉田茂の側近として労働大臣や官房長官、自由党幹事長などを歴任することになる人物である。昭和六十年（一九八五年）、自宅で火災が発生した際、夫人の行方を探している内に焼死するという最期を遂げたことでも知られる。

そんな増田が、永田と共に満州国へと向かっていた。当時の増田の肩書きにある「対満事務局」とは、満州国の建国に伴って設置された日本の官庁で、対満行政を一元化することを目的とした機関であった。

軍務局長時代の永田

一行は大連から新京、ハルビンなどの各都市を巡り、現地の情勢の確認に努めた。満州国皇帝である愛新覚羅溥儀への謁見も果たしている。

当時、関東軍は満州国に対して「内面指導」という形で様々な関与を及ぼしていたが、永田はこれを「内政干渉」と認識し、改善の必要性を訴えた。

この視察旅行中のある夜、関東軍の幹部た

ちとの宴席が催された。この時、永田と関東軍幹部との間で激しい口論が繰り広げられたことを、この旅に同行していた有末精三が後に記している。

〈また当時関東軍の鼻息頗る荒かった猛者連との宴会の折など、酒の強かった関係もあってか、あの信州人丸出しの剛腹な一歩も引かない談論にアハヤ殴り合いなど始まりかねないかと筆者をハラハラさせた事もあった〉(『陸軍中将永田鉄山小伝』)

普段は冷静沈着な永田であったが、時にはこのような場面もあったようである。

永田と激論になった相手というのは、「陸軍きっての支那通」と称された佐々木到一であった。当時、満州国軍政部最高顧問の任にあった佐々木は、満州国軍の育成に心血を注いでいた。後の日中戦争時に、南京攻略戦に参加したことでも名を残す軍人である。

佐々木は「喧嘩到一」と渾名されるほど、血気盛んな性格であった。そんな佐々木が、永田と「あわや殴り合い」になったとは、何が原因だったのであろうか。永田の中国論が佐々木にとって「消極的」と映ったことは、充分に推察できる。

例えば、永田は満州国について、軍務局に務めた池田純久《すみひさ》に対し次のように語っていたという。

〈他国の領土を占拠して満洲国を建設することは、民族意識の上からみて穏当ではない。それは四億の中国人を敵に廻し日支親善に超え難い溝を造るものだ。決して日本の得策とならない。だから満洲は成るべく早く中国人の手に渡すべきだ〉（「永田鉄山斬殺と陸軍の暗闘」、『人物往来』昭和三十年十二月号）

このような永田の持論を考慮すれば、「満洲国軍の育成」に奔走していた佐々木との衝突も不可避なものであったろうと首肯《うなず》ける。佐々木との舌戦を通じ、永田は満州国への危惧を深めたに違いない。

だが、満州国を巡る問題は以降、永田の思うようには進展しなかった。

それどころか、事も有ろうに永田のこの視察旅行中に、関東軍が新たな軍事作戦へと踏み切ったのである。

華北地方では反日的な武装勢力の手による凶悪なテロ事件が相次いでいたが、これに対して関東軍が大規模な討伐戦を開始。ゲリラ活動を繰り返す抗日武装勢力は、塘沽協定で定められた非武装地帯の内部に逃げ込んでおり、しかも中国側の官憲がこれを庇護していたのがその理由であった。

関東軍は陸軍中央の許可を仰ぐことなく進軍した。陸軍中央を無視した関東軍の独走は、陸軍大臣と軍務局長の渡満中でさえも抑えることができなかったのである。

その後、日中両国の間で数度の会談が設けられた結果、六月十日に梅津・何応欽協定が締結。同協定により、「河北省内の中国軍の撤退」「排日活動の禁止」などの内容が合意に至った。

永田らが帰国したのは、六月十六日のことである。

第七章　揺れる陸軍

真崎甚三郎の辞職

昭和十年（一九三五年）七月十日のことである。

陸軍大臣の林銑十郎は、教育総監の真崎甚三郎に辞職を迫った。

その主な理由としては、「真崎が党閥の首脳である」という点が挙げられた。要するに、皇道派の中心人物である真崎を、軍の中枢から退けようとしたのである。皇道派が掲げる過激な革新運動は、陸軍中央として看過できない状況にあった。

林から罷免を告げられた真崎は激昂。そして、真崎は即座に「この人事の背後には永田がいる」と断じた。真崎は永田を「恩知らず」として、憎悪の対象とした。

永田の再婚時の結婚式には真崎も夫婦で出席するなど、二人の間には以前から浅からぬ縁があったが、彼らの間に生じた深い確執は、いよいよ解消しようのない段階にまで漂着したのであった。

こうして七月十五日、陸軍の三長官による会議が行われた。

三長官とは、陸軍大臣・林銑十郎、参謀総長・閑院宮載仁親王、教育総監・真崎甚三郎の三名である。場所は、陸相官邸の大臣室であった。

真崎は永田への批判を執拗に繰り返した。そして、遂に真崎はこの席上において、

「永田は三月事件に関与していた」

と主張したのである。「クーデター未遂事件である三月事件の黒幕は永田だ」という趣旨の話を、公的な場で口にしたのであった。

真崎は「永田メモ」の存在を暴露。永田が昭和六年の三月事件勃発時に小磯国昭に提出した「意見書」は、こうして「永田メモ」として反永田派に利用されるに至った。金庫に保管されていたはずの意見書は、何者かによって持ち出されていた。

真崎はこのメモを、

「永田が三月事件に関与していたことを示す証拠」

と断言した。

だが、これは明らかな曲解である。前述した通り、この意見書は小磯の強い依頼によって永田が已むなく作成したものであり、実際のこのメモが意味するところは、「宇垣が合法的に内

閣首班に就任するために必要な手段」である。「クーデターによる宇垣政権の成立」を示唆するようなものでは決してない。

しかし、真崎はこのメモを使って永田を糾弾。そして、その延長線上の議論として、永田を重用する林に批判の矛先を向けたのである。

だが、この真崎の発言を参謀総長の閑院宮が制した。閑院宮は、

「総監は陸相の事務を妨害する気か」

と真崎を一喝した。

実は、閑院宮は以前から真崎の存在を快く思っていなかった。

思わぬ叱責に驚嘆した真崎は慌てて弁明したが、閑院宮は更に続けた。

「真崎、今や軍の総意は貴職の辞任を強く望んでおる。不本意であろうが身を引け」

さすがの真崎もこれ以上、抗弁することはできなかった。

こうして、この席において真崎の更迭が決定したのである。

教育総監の職を解かれた真崎の地位は、それまで兼任していた軍事参議官の役職のみとなった。

教育総監の後任には、渡辺錠太郎《わたなべじょうたろう》の名前が挙がった。渡辺は、林とは陸軍士官学校の同期生で、肝胆相照らす仲であった。

林はその日の内に葉山御用邸に赴き、この人事に関して天皇に上奏。允裁を得た。翌十六日、新たな教育総監に渡辺が就任。真崎はこうして教育総監部を去った。

この更迭人事を知った皇道派の青年将校たちは、怒りに身を震わせた。そして、

「この更迭人事を操作したのは永田である」

と一方的に決め付けたのである。

だが、実相は大きく異なっていた。

真崎に強く辞職を迫ったのは、陸軍大臣の林と、先の三長官会議の発言を見ても分かる通り、参謀総長の閑院宮であった。永田の部下であった田中清は、当時のことをこう回想している。

〈真崎のように最高の機密を外部や部下に、しゃべる奴がいては軍の統制ができんから、クビを切れと、私達は永田さんにいうと、「実は大臣のほうが、どうしても切ると言って、私が逆に押えるのに苦労しているのだ」と永田さんは闘志満々の林陸相に手を焼いていた。これがあのときの実情だ〉（『実録　相沢事件』）

永田は寧ろ、更迭人事のブレーキ役を担っていたのである。

しかし、青年将校たちは、そのような背景を毫も知らない。このことが、後の惨劇を招く要因となるのである。

相沢三郎

真崎の更迭人事は、新聞などでも大きく報じられた。そのような紙面は、真崎を信奉する皇道派将校たちの不満を増幅させた。

その中の一人に、相沢三郎の姿があった。

ここで、この相沢という人物の経歴を紹介する必要がある。

明治二十二年（一八八九年）九月六日、相沢は福島県白河町（現・白河市）にて生を享けた。

相沢三郎

相沢家は元々、仙台藩士の家系で、父親の兵之助も藩のために尽力した人物であった。相沢は名前の通り三男だが、上の二人の兄が揃って早世したため、実質的には長男のような存在だった。

相沢は仙台陸軍地方幼年学校に進んだが、同校の一年先輩には石原莞爾がいた。相沢は当時から、石原に畏敬の念を抱いていたという。

同校卒業後、相沢は陸軍中央幼年学校を経て、陸軍士官学校に入校。第二十二期というから、第十六期だった永田の六期後輩に当たる。同期生には、後の企画院総裁である鈴木貞一がいた。

相沢はその後、歩兵第四連隊や歩兵第十三連隊などに勤務。

背は百七十三センチほどあり、当時としてはやや高い部類であった。

性格は生真面目な直情型であったが、普段はどこか朴訥としており、無口な方だったと言われる。

若い頃には音楽に親しみ、オルガンを弾くのが得意であったらしい。酒が好きで、酔うと歌を唄うといった一面もあったという。

また、禅にも強い興味を示した。

その他、剣道は達人の腕前で、陸軍戸山学校や陸軍士官学校で剣術を教えた時期もあった。

段位については、四～六段まで諸説ある。当人は段位を聞かれると、

「ハシゴ段のことですか」

と冗談を飛ばすこともあったという。

妻帯して子どもに恵まれてからは、家庭を大切にする普通の父親でもあった。

だが、昭和七年に未だ三歳だった次男の国彦が病没。その時、相沢は、

「これからは、赤ん坊と二人分、働きます」

と天に誓ったという。

相沢の思想

そんな相沢であったが、どこか古武士然とした彼の胸中にあったのは、「国家改造」への熱き理想だった。

農村の窮乏などに心を痛めていた相沢は、昭和維新の断行こそが日本を救う唯一の道だと信じていた。

彼の思想の根底には「尊王絶対主義」がある。

絶対的存在である天皇陛下の意志を、周囲の側近たちが正確に国民に伝えていないことが、現状の日本が抱える諸悪の根源であると彼は判じていた。

相沢の眼には、陸軍上層部は「君側の奸」ばかりに映る。

そんな憎むべき存在の中心に永田がいた。

相沢は昭和八年八月から、広島県の福山市に駐留する歩兵第四十一連隊に赴任していた。

この時の連隊長が、樋口季一郎《ひぐちきいちろう》である。

樋口は明治二十一年（一八八八年）八月二十日生まれ。陸軍士官学校（第二十一期）、陸軍大

学校（第三十期）を経て、ポーランド公使館附武官などを歴任した後、福山の地にあった。

樋口は後に、ナチスの迫害から満州まで逃げ延びてきたユダヤ人難民たちに独断でビザを発行。多数の罪なきユダヤ人の命を救った（オトポール事件）。日本人によるユダヤ人救出劇と言えば、外交官だった杉原千畝が有名だが、陸軍にも同様の話譚が存したのである。

樋口はその後、アッツ島やキスカ島の戦闘を指揮。終戦後にソ連軍が侵略してきた折には、占守島《しゅむしゅとう》の戦いによって敵軍の更なる南下を食い止めた。もし、この奮戦がなければ、北海道がソ連軍に占領されていた蓋然性が高い。

即ち、樋口は陸軍の「隠れた名将」と言える。

そんな樋口だが、自身の直属の部下となった相沢への対応には、日頃から苦心していた。相沢の国家を憂う革新熱には、心情的に理解できる部分もあったが、その余りに過激な言動には危惧を抱いていたのである。

怪文書の流布

相沢が敬慕の情を寄せた相手の一人に北一輝《きたいっき》がいる。

北の存在なくして、相沢の思想は成立しない。

北は明治十六年（一八八三年）、新潟県の佐渡島で生まれた。社会主義に傾倒した北は、二十三歳の時に『国体論及び純正社会主義』を自費出版するも発禁処分。その後の大正八年（一九一九年）に著した『国家改造案原理大綱』（四年後に『日本改造法案大綱』と改題）は、日本の国家主義運動に多大な影響を与えた。

相沢は、北の『日本改造法案大綱』に心酔し切っていた。同著は「国家改造」に関する論文であるが、具体的には「華族制の廃止」「財閥解体」「農地改革」「普通選挙」などの断行によって、日本を根本から改めるという内容であった。

北の理念の土壌には国家社会主義がある。彼の著作は皇道派の青年将校たちの理論的な支柱となった。

相沢はこの北を樋口の自宅にまで連れて行き、二人を引き合わせたこともあったという。

北一輝

北を崇める青年将校たちは主に尉官級が多かったが、既に四十代半ばである相沢は彼らよりも上の世代に当たり、階級も中佐であった。相沢は「青年将校たちの兄貴分」といった存在だった。

当時、陸軍内でたびたび話題になったのが「怪文書」の存在である。

これら怪文書は「昭和維新」を標榜する青年将校たちの「宣伝戦」によるものであった。彼らは自分たちの主張を並べた文書を次々と作成し、各所に配布したのである。

そのような怪文書の中には、永田を「逆賊」として断罪するものが少なくなかった。

直情型の相沢は、このような怪文書の中身を鵜呑みにして憤慨。結句、永田への憤怒を膨張させていくのである。

軍事参議官会議

昭和十年七月十六日の夜、相沢はこの日の夕刊の記事によって、真崎が教育総監の職を更迭されたことを知った。

相沢はこれまでに何度か真崎と面会したことがあり、彼の信条にすっかり傾倒していた。伊豆長岡の温泉旅館に逗留していた真崎を、わざわざ訪ねていったこともある。相沢には、そのような独特の行動力があった。

相沢は、この更迭人事を画策したのは永田に違いないと断定。

（永田を排除しなければ、国家の革新は成し得ない）

との思いを強くしたのである。

相沢は早速、連隊に休暇を申請。連隊長である樋口に対し、上京する旨を伝えた。

翌十七日、相沢は列車に乗り、東京を目指した。

相沢は永田に対して辞職、或いは自決を促すつもりであり、これらの要求が聞き入れられない場合には「太刀を浴びせる」ことも考えていた。

但し、相沢が永田への殺意を抱いたのは、実はこれより半年以上も前からであったと言われている。即ち、真崎の更迭事件は、彼を決断に導いた一つの契機に過ぎない。その土壌は、以前から存在したのである。

福山から東京に向かう列車の中で、彼は「維新の志士」のことを繰り返し思い浮かべていたという。

同日、東京では非公式の軍事参議官会議が開かれていた。この会議には、真崎も永田も出席していた。

席上、皇道派の重鎮である荒木貞夫が、「永田メモ」の複写を披露。荒木が提示したメモは、永田が小磯に宛てた意見書の中で、「三月事件に関与したと読めなくもない」部分のみを作為的に抜粋したものであった。「永田メモ」は尚も、皇道派に利用されたのである。荒木は、

「独特の筆跡はお馴染みであろう」

と得意げに語った。特徴ある右肩下がりの永田の筆跡は、陸軍中央では殊に有名であった。

荒木が永田に詰め寄る。

「これは貴殿の直筆と思えるが、間違いありませんな」

永田は顔色一つ変えることなく、ただ首肯いたという。

永田と相沢の対面

翌十八日、相沢の乗った列車が東京駅に着いた。

相沢はまず、大臣秘書官である有末精三の元を訪れた。

二人は仙台陸軍地方幼年学校時代からの友人で、青森の歩兵第五連隊では共に大隊長を務めた間柄であった。有末が第一大隊長、相沢は第三大隊長だったが、二人はその後も交誼を続けていた。

二人は再会を喜んだ。そして、相沢は有末に対し、

「有末さん、永田鉄山という人はどういう男だね」

と尋ねた。有末は長く永田の部下として働いていた。有末は、

「いやあ、それはなかなか物分りのいい人だ」

と答えた。すると、相沢が言う。

「会いたいのだが」

この求めに応じた有末は、永田に電話を入れ、面会は翌日に実現される運びとなった。十九日の午後三時半頃、相沢は永田と面談。

二人にとって、これが初めての対面である。永田は人事に関して、

「人事を情を以てせず、理を以てする」

と語ったが、これに対して相沢は、

「情は日本精神においては、至情として最も尚ぶべきものであるが、閣下の言われる情とは、感情のことですか」

と問うたという。相沢は「感情」という言葉を「私情」といった意味を込めて使用したのであろう。

相沢は続けざまに「辞職」を迫った。しかし、永田はこれを一蹴。

それでも永田は忙中にも拘らず、実に二時間近くもの時間を割いて、相沢の話に耳を傾けた。後に相沢自身が証言したところによると、永田は、

「君のように注意してくれるのは非常にありがたいが、自分は誠心誠意やっている。もとより、修養が足りないので、力が及ばないところもある」

という趣旨の言葉を述べ、

「自分は漸進的にこの世を改革する」

と口にしたという。そして、最後に永田は、
「ゆっくり話せなかったので、次の機会に会って話すか、手紙で往復して話そう」
と丁寧に諭して、相沢を帰らせたという。

その夜、相沢は同志である西田税《みつぎ》の自宅を訪問した。

西田は鳥取県米子市の出身。広島陸軍地方幼年学校を首席で卒業した後、陸軍中央幼年学校から陸軍士官学校（第三十四期）へと進んだ。

同校在学中、北一輝と面識を得た西田は、『日本改造法案大綱』に心酔。大正十一年（一九二二年）七月、同校を卒業し、同年十月に陸軍騎兵少尉となった。

しかし、大正十四年（一九二五年）、肋膜炎を理由に予備役に編入。以来、国家革新運動への傾倒を強めた。西田はやがて、急進派の青年将校を束ねる中心人物の一人として頭角を現すようになる。

昭和二年（一九二七年）七月、西田は「天剣党」を組織。天剣党は「亡国的一群より国家を奪還する」と定め、「憲法の停止」「議会の解散」を断行して「新国家を建設する」と謳った。

西田は後に「二・二六事件」の首謀者として北と共に逮捕され、刑死するという人生を辿ることになる。

そんな西田だが、彼は相沢と懇意であった。

西田は当時、代々木の山谷町に住んでいた。西田の自宅は「士林荘」との愛称で、青年将校たちの集会場となっていた。

この夜、相沢は西田から、真崎が更迭された件に関して、より詳細な背景を聞き、永田への憤懣を改めて増長させたという。

だが、相沢は一旦、福山に引き返すことを決意。翌二十日に一先ず大阪へ向かい、知人と会うなどして一夜を過ごした。

翌二十一日、相沢は福山へと戻った。

粛軍に関する意見書

昭和十年七月二十三日、「粛軍に関する意見書」と題された怪文書が、大量に出回った。

この意見書を作成したのは、磯部浅一と村中孝次である。

磯部と村中と言えば、かつて「陸軍士官学校事件」に関与したとして、一方的に逮捕された皇道派将校である。二人は逮捕後、陸軍衛戍刑務所に勾留されていた。その後、二人は釈放されて不起訴となったものの、結局、六カ月の停職処分を受けていた。

二人は関係者を誣告罪《ぶこくざい》で告訴するなど抗議の態度を示したが、陸軍上層部はこのような動きをほぼ黙殺した。

そうした経緯があって、彼らはこの怪文書の流布という行為に及んだのであった。

この「粛軍に関する意見書」は、全百二十七ページにも及ぶ。配布されたのは七月二十三日だが、意見書に付された起草日は七月十一日となっている。

その中身は、急進的な国家の革新を訴える概要と共に、現況の軍上層部を激しく批判する過激な骨子となっていた。

殊に、多くのページを割く形で強調されていたのは、陸軍士官学校事件に関する不満であった。これは起草者が磯部と村中である以上、当然のことである。

しかし、書き手である二人の想定を超え、この意見書は陸軍士官学校事件とは関係のない部分で大きな話題を集めることとなった。即ち、三月事件と十月事件への指摘が思わぬ反響を呼んだのである。

実は、三月事件も十月事件も、国民には勿論、陸軍内でさえもその情報は固く秘匿されていた。それが、この怪文書の流布によって、両事件の存在が広く暴露されたのである。磯部と村中は、内部情報をもとにして、この二つの事件に関する詳細について言及していたのだった。

その文面には、永田の名前も批判の対象として挙がっていた。

七月二十五日には、続けざまに「軍閥重臣閥の大逆不逞」と題された怪文書が配布された。同文書には「永田は皇軍を私兵化している」「三月事件、十月事件、五・一五事件は、全て永田の陰謀」といった主張が記されていた。

のみならず、そこには「永田は財閥から資金を受けて、豪奢な生活をしている」といった内容まで列記されていたのである。

無論、これらの記述に実証的な根拠は全くない。「総動員体制の確立」という宿願を果たすため、経済界との連携を重視していた永田は、多くの経営人と親交を結んでいたが、そのことが要らぬ誤解を呼んだのであった。

陸軍内において、永田の虚像が一人歩きしていた。

迫り来る危機

一般論として、権力を有すれば有するほど、組織内外における敵対者は必然的に多くなる。それは、その人物が辣腕であれば尚更という面もあろう。

永田の場合も、その例に漏れない。

皇道派の青年将校たちの眼からすると、永田は「腐敗した軍中央の象徴」のように映った。永田を排斥しなければ「昭和維新」は成功しない。永田という存在は、国家の革新に熱中する青年将校たちが抱く憎悪の焦点となっていた。

後の公判（第二回）の折、相沢はこう語っている。

〈永田閣下は、当局として皇軍を背負つて立ち、皇軍の真姿を現はすべくお預りした軍務局長の立場にあり、その立場は、大臣以上に寧ろ、元老、財閥、新官僚等との脈略の中心であります。悪魔の総司令部の様なものであります。この悪魔の総司令部を一刀両断にする、之が自分の使命であると思ひました〉

「悪魔の総司令部」なる過激な表現から、彼の偏向が如何に深刻なものであったかが浮き彫りとなるであろう。

永田に危機が迫っている。

だが、当の永田は、自らの身辺の安全に関して無頓着だった。昭和十年の五月頃から、渋谷の自宅には二人の憲兵が警備に付くようになっていたが、永田は、

「人間は死ぬ時には死ぬんだ」

とよく周囲に話していたという。

永田を敬慕する者たちの間では、そのような彼の態度を不安視する向きもあった。

永田の身を案じた陸相の林は、彼を危険から遠ざけるため、一時的な「満州行き」を薦めた。しかし、永田はこの提案を拒否。自らの本務を遂行することを優先した。

永田にとって、延いては日本陸軍にとって、大いなる運命の一閃が間近に迫っている。

殺意

昭和十年八月一日、相沢は台湾歩兵第一連隊への転補を拝命した。

実はこの人事の裏側には、直属の上官である樋口季一郎の意向があった。樋口は、革新熱に浮かれる相沢を日本から引き離すことが得策だと判断したのである。

だが、樋口のこの配慮は、結果的には裏目に出た。相沢はこの異動を契機として、暗殺への思いを再び強くするのである。

（台湾へ赴く前に、昭和維新の道筋を付けるしかない）

相沢の心中にて、一つの覚悟が固まりつつある。

八月二日、相沢の住む福山の官舎を一人の友人が訪れた。第十二連隊の小川三郎である。小川はこの時、持参した冊子を相沢に手渡した。

それは、磯部と村中が作成した「粛軍に関する意見書」であった。こうしてこの怪文書は、遂に相沢の目に触れることとなったのである。そして、小川は、「磯部と村中は、この意見書を配布した後、免官の処分を受けた」という事実を合わせて伝えた。

実は、磯部と村中の二人は「軍内の統制を紊乱した」という理由で、免官されていたのであった。

二人はこれを以て軍籍を失ったことになる。それは事実上、陸軍からの「追放」を意味していた。

この話を聞いた相沢は、憤怒に震えた。

相沢はこの前後、他にも幾つかの「怪文書」に目を通していたという。そんな相沢は、胸中で一つの重大なる結論を導き出した。

即ち、「永田暗殺」への決断である。

相沢は再度、上京することを決めた。

欒州事件

一方の永田は、八月二日から家族と共に神奈川県の久里浜にいた。娘の昌子が百日咳に罹患したため、療養を目的として当地に家を借りたのである。

賃借したのは、八畳二間のバラック造りという質素な家屋だった。この建物に関しては、「中央大学水泳部の寄宿舎」「久里浜ゴルフ倶楽部の事務所」など諸説ある。但し、妻の重子が後に証言した記録の中には、「C大学の関係の家でほったて小屋のようなあばら家でした」という一節があるから、中央大学の関連施設ということで間違いないであろう。

重子はこの時、三十三歳。

借家には、重子と共に三歳の昌子、二歳の征外雄、零歳の忠昭の三人の子どもが滞在していた。前妻との間の子である長男の鉄城は、荻窪の川南郵便局の局長となっており、既に自立していた。従って、長女の松子が、渋谷の留守宅を守っていた。

このような久里浜での生活であったが、このことも青年将校たちの間には、

「永田は財閥と癒着して、豪華な別荘を斡旋してもらった」

という話として伝わった。

当の永田は、そんなデマを気にすることもなく、東京と久里浜の間を往復した。但し、久里浜の地に長く逗留する訳にもいかず、結局は家族を当地に残したまま東京で過ごす時間が殆どであった。

八月四日には、中国の非戦闘区内において、日本軍の守備隊が攻撃されて負傷者が出るとい

う「欒州《らんしゅう》事件」が勃発。再び、日中関係に緊張が走った。

この事態に対し、永田は外務省と連携しながら迅速に対応。六日には、関東軍に「軍中央と密接に連絡を取ること」と指示を出して現地の行動を牽制し、事後処理に関しては「関東軍ではなく天津軍（支那駐屯軍）に当たらせる」という決定を速やかに下した。

更に、陸軍省は外務省と協議の上で「対北支政策」を策定。「非戦闘区域から武力衝突の不安を取り除く」という方針が発表された。即ち、「華北の各政権との親善」「華北地域との経済協力の推進」といった要項の実践が打ち出されたのである。

これらの対応により事件の拡大は免れたが、これは永田の働きによるところが大きかった。もし仮に、永田の適切な事後処理がなかったとしたら、今では多くの日本人がその名前も知らない「欒州事件」が、「盧溝橋事件」のような扱いで、近代史に名を刻んでいたかもしれない。

これを以て、永田は出先機関である関東軍の独走への対処法にも、一定の道筋を付けた。永田が最後に残した大仕事と言えよう。

八月八日の夕方、後の参謀副長である綾部橘樹は、永田のいる軍務局長室を訪ねた。それまで務めていた参謀本部第一部第二課から関東軍参謀への転任が決まったため、その挨拶に出向いたのである。

永田とは一時間ほど懇談した。綾部は永田の身辺を憂い、警戒するように促した。しかし、永田は、

「大丈夫だ。心配はいらぬ」

と応じたという。

近付く二人

八月十日は土曜日であった。

午前八時十八分、相沢が乗り込んだ上り列車が、山陽本線の福山駅を出発。東に向かって列車は速度を上げた。

相沢は途中、大阪で下車し、第四師団長である東久邇宮稔彦王《ひがしくにのみやなるひこ》に台湾赴任の挨拶を行った。かつて相沢が仙台の歩兵第二十九連隊に配属された際、同連隊の中隊長をしていたのが東久邇宮稔彦王であった。

相沢はその夜、宇治山田に移動して、そこで一泊。

一方の永田は同夜、東京を離れて久里浜の借家へと向かった。翌日の貴重な日曜日を、家族と共に過ごそうと思ったのである。

「あっ、お父様だ」

「お父様、万歳！」

そう大喜びするまだ幼き子どもたちの姿を見て、永田も嬉しそうに微笑んだという。


翌十一日の日曜日、宇治山田で朝を迎えた相沢は、伊勢神宮を参拝した。この時の彼の祈りの内容は、充分に類推することができよう。

その後、相沢は東京行きの列車に再び乗車。折しもこの日の西日本には台風が接近しており、その影響から相沢の乗った特急を最後に上り列車は運転中止となった。

つまり、もし天候や運行状況が少しでも変わっていたら、昭和史はまた別の表情を見せたかもしれないのである。

同日午後九時頃、相沢は品川駅にて下車。

相沢は品川駅から原宿に移動し、夜遅い時間ではあったが明治神宮を参拝した。

実は、明治神宮には相沢にとって一つの所縁があった。

明治神宮の造営時、相沢の父・兵之助は樹齢二百年にもなるという笠松を仙台から献上していたのである。旧仙台藩士の兵之助は、明治維新後は裁判所の書記や公証人などを務めていた。

相沢は、かつて父親が献じた老松に無言で合掌し、計画の成功を祈願したという。

決行の日は、翌日と定めている。

その夜、相沢は前回の上京時と同様、代々木山谷町にある西田税の自宅を訪問。そのまま一泊する心算であった。西田の自宅は、明治神宮から近かった。

西田はこの時、相沢の心中の決意を未だ知らない。

同夜、西田宅には、相沢とも親交のあった大蔵栄一が来客として訪れていた。大蔵は当時、陸軍戸山学校の教官をしていた陸軍大尉である。

大蔵の自宅は、西田の家の近所にあった。大蔵は程なくして暇を告げたが、玄関まで送りにきた相沢が、こんな話をしたという。

「あなたの家に深ゴムの靴が一足、預けてありましたね。明日の朝早く、奥さんに持ってきていただくよう頼んでください」

「深ゴムの靴」とは、「チェルシーブーツ」のことを指していると思われる。イギリス発祥のサイドゴアブーツである。

大蔵は、相沢の靴が自宅にあることなど知らなかったが、この申し出を承知。しかし、玄関に置かれていた相沢の茶色の軍靴が、まだ真新しいものだったことに気付いた大蔵は、

「いい靴があるじゃありませんか」

と尋ねた。すると相沢は、

「いや、あの深ゴムの方が足にピッタリ合って、締まりがいいんですよ」

と答え、その場で銃剣術の「直突」の姿勢をとったという。

「直突」とは、着剣した銃を相手の心臓部に目掛けて突き出す動作のことである。

絶筆

同じ日曜日、永田は久里浜の借家にて、束の間の休息を過ごしていた。夕方には知人の訪問を受け、一時間ほど歓談したという。

家族と共に夕食を摂った後は、午後十一時頃まで机に向かって書き物に専心した。

この時、永田が執筆していたのは、今後の陸軍のあるべき姿に関する私見をまとめた意見書の草稿であった。

そこには、まさに永田の思想が凝縮された形で書き連ねられていた。

長い文章なので、以下に文意の要約のみを記す。

題名は「軍ヲ健全ニ明クスル為ノ意見」である。

まず、冒頭部では「この非常時には軍の統制、団結が最も大切である」「下剋上的な考えを一掃して、大臣中心に行動する必要がある」といった論旨が示されている。永田の危機意識の根幹にある言葉である。

派閥抗争に関しては、「統制派、皇道派という色分けは、一部の人々の作為によってより鮮明となったが、中級以上の人にはこのような区別はない」「派閥というのは、自己擁護の私心に発する結束を言う」と独特の表現でこの問題の本質を看破した。

更に、「職務系統（統帥系統）以外に、派閥の動きによって無責任なものが異見を立てる弊害を除くのが先決」とある。これはまさに、現代にも通じる至言と言えるであろう。

また、国家の革新については「合法的漸進的維新は必要であるが、軍の力を軍自身の維持のために用いてはいけない」と断言する。

もし、これらの永田の主張が多少なりとも実現していたならば、昭和史は全く異なる表情を見せたに違いない。

歴史の結論から言うと、この「軍ヲ健全ニ明クスル為ノ意見」が、永田の絶筆となった。

最終章　暗殺

一人の侵入者

翌日、永田と相沢は運命の月曜日を迎える。

昭和十年（一九三五年）八月十二日のことである。この時、永田は五十一歳、一方の相沢は四十五歳であった。

午前六時前、永田は帰京するために久里浜の家を発った。門を出る際、子ども一人ひとりの頭を撫でながら、

「風邪をひかしてはいけないよ」

と妻・重子に声を掛けたという。

それから永田は、軍の車で東京へと向かった。

この日、東京は朝から快晴である。

永田は一旦、渋谷の自宅に戻った。この時の様子を、長女の松子が事件直後の新聞の取材に応じて、こう述べている。

〈父はけさ七時半ごろ久里浜から帰るとお食事を済ませてそのまゝ元気でお役所の方へ出かけたのです〉(『読売新聞』昭和十年八月十三日付朝刊)

同日付『東京日日新聞』では、永田の帰宅は「七時頃」となっている。帰宅時間は「午前七時~七時半頃」と考えられる。

永田は自宅にて朝食を摂り、速やかに軍服に着替えた。

その後、いつもは颯爽と家を出るはずの永田が、この日ばかりは何故か、

「忘れ物はないだろうな」

と二度も念を押してから玄関を出ていった様子を、松子は記憶している。

永田は再び車に乗って、三宅坂の陸軍省に平常通り登庁した。これが、午前八時頃のことである。

軍務局長室に入った永田は、通常通り執務を始めた。

午前九時過ぎ、永田のもとを東京憲兵隊長である新見英夫が訪れた。永田は新見から「軍隊内における不穏な状況」に関する現状報告を聞いた。

一方の相沢三郎は、この日の朝を代々木の西田宅にて迎えた。

早朝、相沢は短文をしたためた。寝室として宛てがわれていた客間に吊られた蚊帳の中で、彼はこう綴った。

〈永田少将の過去数年間に現はれ遺したる足跡と、現在軍の要職にありて行ひ来って皇軍を幕府の軍隊に堕せしめつつあるは正に大逆賊たるものなり。天命何をか躊躇すべきものぞ〉(『実録　相沢事件』)

西田宅を出発した相沢の足元には、大蔵栄一の自宅から届けられたばかりのチェルシーブーツが履かれていた。

相沢は円タク（一円タクシー）を利用し、午前九時半頃に陸軍省の裏門に到着。省員たちの登庁時刻を過ぎた時間帯であったため、人通りは少なかった。

裏門の目の前は、ドイツ大使館である。

横付けされた円タクから降りてきた相沢は、将校トランクと、夏用のマントを手に持っていたという。

普段から、目つきの鋭い男である。

相沢は階段を使って足早に二階に上がり、そのまま一先ず整備局長室に入室。局長の山岡重厚と会話を交わした。相沢と山岡は古い仲だった。相沢が陸軍士官学校で剣術の教官をしていた際、山岡は彼の上官であった。

やがて、相沢は給仕に対して、

「永田少将は在室か」

と確認。給仕の答えは、

「在室している」

という内容であった。

それを聞いた相沢は、整備局長室から退室し、持参していた将校トランクとマントを部屋の前の廊下に置いた。

相沢は中央廊下を抜けて、同じく二階にある軍務局長室へと向かった。

真昼の凶行

陸軍省の庁舎は、増築や改築を繰り返した影響から、非常に複雑な造りとなっていた。

永田のいる軍務局長室は、建物の南西側に位置する角部屋である。

軍務局長用の自らの椅子に腰掛けた永田は、新見憲兵大佐との協議を続けていた。

新見は、陸軍内で大量に出回っている怪文書「粛軍に関する意見書」を永田に提出した。前述したように、これは磯部浅一と村中孝次が流布したものである。

永田はこの文書に目を通しながら、新見の話に熱心に耳を傾けた。新見によれば、永田はこう口にしたという。

〈こんなに怪文書が出てはやり切れない〉（「証人訊問調書」）

やがて、同席していた兵務課長の山田長三郎が、軍事課長の橋本群《ぐん》を呼ぶために部屋から出て行った。

暑かったので、廊下との間の扉は開放してあった。

そこに案内もなく、忽然と入室してきた一人の男がいた。

相沢三郎である。

時計の針は、午前九時四十分の前後であったと推定される。

皮肉なことに、ちょうど永田が目を通している最中の怪文書の内容を盲信し、根底より煽られた人物が、まさに闖入してきたのである。

部屋の入口にあった衝立の背後から姿を現した相沢は、無言のまま刀を鞘から抜いた。その日本刀は、江戸寛文年間の仙台において名高い刀匠として称揚された河内守藤原国次の作によるもので、相沢家に伝わる名刀であった。

相沢はこの太刀を、陸軍士官学校を卒業した折に、父・兵之助から贈られていた。

由緒ある日本刀を構えた相沢は、新見の背後から机を廻り込み、座する永田の左側まで一挙に迫った。

相沢の様子に気付いた永田は、瞬時に回転椅子から立ち上がり、二、三歩下がって自身の右方へと体軀を逃がそうとしたが、相手の相沢は剣道の達人である。相沢の刀は永田の動きを的確に追跡。そして、黙したまま背部より斬り掛かる形となった。

永田の背中を刃が掠めた。

背の低い新見は、長身の相沢の身体に咄嗟に組み付き、羽交い締めにして何とかそれ以上の行動を制止しようと試みた。しかし、新見の身体は敢えなく振り払われ、そのまま左腕を斬り付けられた。

相沢の軍帽が脱げ、床に転がり落ちた。

永田は尚も懸命に机を迂回して逃げようとしたが、相沢はこれを許さない。それでも永田は、隣室の軍事課長室に繋がる扉の付近まで移動。永田はノブを握ってこれを廻そうとしたが、鍵が掛かっていたのか、扉はどうしても開かなかった。

そんな永田に、相沢の刀が無情にも追い付く。鋭利な刃が、永田の左背部を強く突いた。鋒《きつさき》は永田の肉体を貫き、そのまま扉に突き刺さった。

相沢が永田の身体から刀を引き抜くと、大量の血液が周囲に吹き出した。その鮮血は机上にまで飛散し、そこに置かれていた怪文書「粛軍に関する意見書」の紙面を赤く染めた。

刀を引き抜く際、相沢は自らの左手の指の辺りを負傷。剣の達人といえども、相沢もまた極限の昂奮の中にあったのであろう。

深い傷を負った永田であったが、彼はそれでも部屋の出入口に向かって、歩を進めようとした。

相沢はその姿を、下段の構えで暫く見据えていた。

永田は数歩ばかり歩いたところで、頭部から床に倒れ込んだ。応接用の丸机の脇の辺りである。倒れ込んだ拍子に、椅子が大きく飛んだ。

永田は絨毯の上を這って進もうとした。助けを呼ぼうとしたのか、それとも生物としての僂き本能か。

相沢が手を休めることなく永田に接近する。

相沢は永田の身体を蹴飛ばして仰向きに反転させた後、左顳顬《こめかみ》と右頸部の辺りに連続してとどめの太刀を浴びせた。

真昼の凶行は、ここで漸く終焉を迎えた。

相沢は、そのまま現場を去った。

広がる動揺

左腕に重傷を負った憲兵大佐の新見だが、彼は傷付いた身体で軍事課の課員室へと急いだ。

新見は荒い息のまま、

「軍務局長室が大事だ」

と懸命に叫んだ。しかし、課員たちの多くがその言葉を、

「軍務局長室が火事だ」

と聞き間違えた。

課員たちは「火事」だと思って軍務局長室に向かって駆けた。当時、軍事課の政策班長だった池田純久は、

（真夏の火事とは変だな）

と思いながら走ったという。「永田の鞄持ち」を自称した池田は、東京帝国大学で経済学を学んだ経歴を持ち、かねてより「総動員体制」の必要性に賛同していた一人であった。

そんな池田もこの時点では、永田の身に何が起きたのか、未だ全く理解していなかった。

かつて陸軍大学校で永田の薫陶を受けた高嶋辰彦は、事件発生当時、軍事課の予算主任という肩書きにあった。

新見の声を聞いた高嶋は、廊下の突き当たりにあった消火器を持参しようとしたが、どうも様子が異なることに気付き、踵を返してそのまま軍務局長室へと向かった。

軍事課高級課員であった武藤章を先頭にして、課員たちは軍務局長室の中へとなだれ込んだ。

そこには、思いもよらぬ光景が広がっていた。茶色無地の絨毯の上で血に塗れている仰向けの永田を、武藤がすかさず抱き起こそうとした。永田が瀕死の重傷を負っていることは、誰の目にも明らかであった。高嶋はこの時の光景をこう述懐する。

〈永田に師事していた武藤章中佐が、すでに息絶え絶えの永田を抱いて、自分も血の滴りを浴びつつ、慟哭していた凄惨な情景を忘れ得ない〉（『昭和動乱私史（上）』）

軍事課の満州班長であった片倉衷は、このような惨事が発生する少し前に永田に決裁印を貰いに行ったばかりであったが、目の前の変わり果てた上官の姿に驚愕した。

部屋には、犯人と思しき者の姿はもうなかった。

心肺停止

陸軍省内には、

「永田閣下が斬られました！」

との声が乱れ飛んだ。靴音が虚しく右往左往した。

押っ取り刀で現場に駆け付けた者たちの中には、有末精三の姿もあった。有末と言えば、前月に上京してきた相沢を、永田に仲介して引き合わせた人物である。その折には大臣秘書官だった有末だが、八月一日付で軍務局軍事課に異動となり、永田の直属の部下になっていたのであった。

有末は、現場に一つの軍帽が落ちていることに気が付いた。不審に思った有末がその軍帽を手に取って確認すると、そこに「相沢」という文字の縫い取りを発見することができた。有末は思わず、

「あの相沢中佐だ！」

と叫んだという。

軍帽の彼方此方には、血痕が付着していた。

永田の失血はひどく、既に心肺停止の状態であった。

片倉が三十分以上にわたって人工呼吸を施したが、永田の心臓の鼓動が戻ることはなかった。

後の公判時における公訴事実の文章の中には、次のような記述がある。


〈創傷に因る脱血に基き、数刻を出ずして、同室に於て死亡するに至らしめ〉


永田とは東京陸軍地方幼年学校以来の親友であった岡村寧次は、事件発生時、現場と棟続きの参謀本部第二部にいた。電話によって悲報を伝えられた岡村は、急ぎ軍務局長室へと走ったが、彼が到着した時にはもはや親友の息は絶えていた。

出身閥による抗争の時代を終焉させた永田は、本人の意思から離れたところで新たなる派閥争いを生み、その峻烈なる渦の中で絶命した。派閥抗争の軋みの末に彼が斃れたことは、陸軍史の皮肉である。

実はこの事件の直前、永田のもとには一つの吉報が届いていた。長女である松子の婚約である。亡き前妻との間の愛娘の嫁入りを、永田は手放しで喜んでいた。永田は激務の合間に、箪笥や鏡台といった嫁入道具を密かに買い揃え、祝言の日を楽しみにしていたという。

しかし、挙式の日を迎える前に、花嫁の父は心ならずもこの世を去ったのであった。


暗殺現場となった軍務局長室を出た相沢は、刀を鞘に納めながら廊下を歩き、山岡のいる整備局長室へと戻った。

山岡は相沢の姿を見て驚いた。相沢の左手からは、大量の血が滴っていた。永田の肉体から太刀を引き抜く際に負った傷は、存外に深かった。

そして、相沢は肩で息をしながら、

「逆賊永田に天誅を加えてきた」

と発したという。

山岡は相沢に対し、すぐに医務室へ行くよう促した。

相沢は廊下に置いておいた自らのマントを羽織り、将校トランクを持って医務室へと歩き出した。

身柄の確保

有末からの電話により、事件の発生を知った麴町の憲兵分隊は、すぐさま陸軍省に急行。分隊長・森健太郎の指揮の下、犯人の身柄確保に全力を尽くすこととなった。

軍の中枢にある要人が、その本丸において白昼に斬殺されるという前代未聞の事件に直面した陸軍省は、異様な緊張感に包まれていた。表と裏の両門は、固く鉄扉が閉ざされた。

この当時、憲兵曹長で特高主任の役にあった小坂慶助は、軍事課の課員たちに相沢の行方を尋ねた。しかし、混乱の極みにある課員たちからは、有力な返答を得ることができなかった。

その時、ちょうど廊下を通りかかった一人の官房の属官が、犯人らしき男について、

「医務室の方へ行きましたよ」

と教えてくれた。続けざまに医務室の場所を聞いた小坂は、部下と共に駆け出した。

間もなく医務室へと辿り着いた小坂だったが、部屋には犯人どころか誰一人として姿が見えなかった。おそらく、軍医らは暗殺現場へと出払っていたのであろう。小坂は已むなく廊下に戻り、周囲を見渡しながら暫く思案した。

すると、一人の将校姿の不審な男が、こちらに向かって大股で歩いて来るではないか。

それが、整備局長室から医務室へと向かってきた相沢だったのである。

季節違いのマントが、面妖な雰囲気を漂わせていた。

軍帽は被っていない。

相沢の顔を知らない小坂だったが、この男が犯人であることを確信した。男は無言のまま、小坂の目の前を通り過ぎた。小坂は部下と共に男を追った。すぐに追い付いた小坂は、男の前に立ち塞がってこう言った。

「憲兵ですが」

血に塗れた男が、大声で怒鳴る。

「憲兵などに用はない！」

その後も暫し問答が続いた。相沢は軍務局長室へ行ったことは認めたが、永田を斬り付けたことに関しては何も話さなかった。

やがて小坂は、相沢が左手から出血していることを看取した。

小坂は、傷の手当を口実にして、とにかく相沢を車に乗せることにした。病院に搬送すると見せかけて、憲兵司令部まで連行しようと考えたのである。

相沢は二人の憲兵に両脇を固められ、待機している憲兵隊の車へと向かうことになった。その途中、階段を降りている際に、

「落ち着け、落ち着け！　静かにせにゃいかんぞ」

と叫ぶ声が聞こえた。

声の主は、山下奉文だった。当時は陸軍少将で、軍事調査部長の任にあった山下だが、彼は

皇道派であった。後の大東亜戦争の際には「マレーの虎」と呼ばれることになる山下も、この現場に居合わせていたのである。

訊問開始

朝方は爽やかな青空の広がっていた東京だったが、台風の影響であろう、徐々に厚い雲に覆われ、昼頃には雨粒が落ち始めた。

軍用車に乗せられた相沢は程なくして、向かうべき道が異なることに気が付いた。相沢は忽ち激怒したが、車はそのまま麴町の憲兵司令部へと到着。相沢の身柄は、東京憲兵隊麴町分隊長室に仮収容された。この時、相沢は、

「俺は今から直ぐに台湾に赴任しなきゃならん」

といった趣旨の言葉を何度も叫んだという。

その後、負傷した左手には、八針縫う応急処置が施された。

午後には早速、訊問開始。

軍の上層部は、この事件に関する法的な訴追の手続きを、同日中に行うよう指示を出していた。

相沢の身柄を確保した小坂が、そのまま訊問を担当した。小坂は「永田殺害」について、相

沢に改めて問うたが、

「永田の如きを俺は殺しはせん」

という返答であった。

そこで小坂は「左手の傷」「軍刀に付いた血糊」「現場に落ちていた軍帽」といった複数の証拠を列挙した。すると相沢は一瞬、答えに窮したが、

「伊勢神宮の神示によって、天誅が降ったのだ。俺の知ったことではない」

と真剣な面持ちで答えたという。相沢は更にこう続けた。

「伊勢の大神が、相沢の身体を一時借りて、天誅を下し給うたので、俺の責任ではない」


陸軍省の周囲には、事件の発生を聞き付けた各新聞社の記者やカメラマンが、続々と押し寄せていた。しかし、省内倶楽部詰めの新聞記者でさえ、氏名の点呼を受けなければ取材が許可されないほどの厳戒態勢が敷かれていた。記者たちの一挙手一投足を、憲兵隊が睥睨していた。

事件の起きた軍務局長室の窓には、ブラインドが深く降ろされ、外部から室内の様子を窺うことは不可能だった。

午後零時十七分、陸軍省からの第一報は、以下のようなものであった。

〈軍務局長永田鉄山少将は軍務局長室に於て執務中午前九時四十分某隊付某中佐の為め軍刀を以て傷害を受け危篤に陥る某中佐は憲兵隊へ収容し目下取調べ中なり〉

犯人については「某隊付某中佐」と称され、相沢の名前は伏せられていた。永田に関しても、実際には既に絶命していたが、「危篤」という表現での発表となった。

無言の帰宅

この日、昭和天皇は葉山の御用邸に逗留中だった。

陛下に事件の発生を伝えたのは、侍従武官長の本庄繁である。本庄の日記によると、陛下は以下のように口にされたという。

〈陸軍に如此《かくのごとき》珍事ありしは誠に遺憾なり〉（『本庄日記』）

やがて、陸軍省人事局課員が御用邸に来着。永田の進級について内奏するよう、本庄に依頼した。

平成二十六年（二〇一四年）九月九日に公表された「昭和天皇実録」には、事件当日の記述として以下のような一節がある。

〈午後一時四十五分、天皇は、侍従武官長より、永田の陸軍中将への進級につき内奏を受けられる。その際、さらに状況・真相等を取り調べて奏上すべき旨を仰せになる〉

永田の幼馴染みである気象学者の藤原咲平は、事件の発生を知って渋谷の永田の自宅に駆け付けた。藤原の回想によれば、既に永田家の前には憲兵が立ち、新聞記者も多く集まっていたという。

久里浜に悲報が齎されたのは、永田の妻・重子が三人の子どもを連れて海岸を散歩している最中であった。

藤原が渋谷の永田邸に到着した時、重子たちの姿は未だなかった。永田邸では、留守を守っていた長女・松子が、孤影悄然と来客に応じていた。

午後二時前、変わり果てた永田の体軀が、第一衛戍病院が所有する樺色の病院車「一病三号」によって運ばれてきた。カーキ色の毛布に覆われた亡骸は、担荷に乗せられて家の中に移された。永田の遺体は、包帯で幾重にも巻かれていた。

長女の松子は、この時のことを後に雑誌にこう寄稿している。

〈やがて、赤十字のマークの付いた自動車によつて父は帰宅致しました。嗚呼《ママ》されど〳〵朝出ましゝ時の姿と打ち変り痛ましくも物言はぬ父君……。武人を父に持つ私として、常に父の口から御国の為に棒《ママ》げた命だ、何時いづこで如何なる死を遂げ様とも決して歎くなかれと、中聞かされては居りましたが、子としてどうして此の死を悼まずに居られませう〉（『婦人公論』昭和十年十月号）

遺体が安置されたのは、一階の奥に位置する六畳の部屋であった。

重子たちはまだ到着していない。

藤原はこの時の光景をこう記憶している。

〈やがて床に移し、一同其の周囲をかこみ、寂として一語を発するものもない。実に断腸の思いとは此の事である。唯だ扇風機の音が静かな響きを伝えるのみで、人々の眼には、涙が光っておった。此の時、沢木少将であったと思うが、

「残念です」

と一言、と共に列座一同泣き崩れた〉（『陸軍中将永田鉄山小伝』）

「沢木少将」とは、永田とは陸軍士官学校時代からの旧友であった沢木元雄のことであろう。

各新聞社は陸軍側からの発表をもとにして号外を出した。

各紙とも事件の概要を手短にまとめて伝えたが、犯人については陸軍省の発表を踏襲する形で「現役某中佐」と記すのみで、相沢の名前は未だ報じられていなかった。但し、『時事新報』は、「林陸相引責辞職か」とやや踏み込んだ内容の記事を掲載している。

いずれにせよ、事件当日の内に、この惨劇に関する情報は日本中を駆け巡ったのである。

福山にいた相沢の妻・よね子が事件の発生を知ったのは、この新聞の号外によってであった。記事を一読して驚愕したよね子は、連隊長である樋口季一郎の家に駆け込んだ。樋口は既に新たな赴任先である満州に向かって出立していたため、留守宅にいた家族が応対した。樋口家の長女である美智子は、この時のことを私家版の手記にこう書き記している。

〈相沢夫人が我家の玄関にへなへなになって駆け込んで見えたのは覚えている。

「永田軍務局長を刺した某中佐とは、家の主人に違いありませんわ。奥様どうしましょう！」〉

（『花の下なるそぞろ歩きを』）

よね子はそう言って、泣き崩れたという。

新聞各紙の報道

同日午後四時、陸軍刑法第六十九条「用兵器(又は兇器)上官暴行」並びに一般刑法「殺人傷害罪」の容疑で、相沢の訊問調書が作成された。

午後四時半、陸軍省は第二報を発表。

〈某中佐に襲われた永田軍務局長は、午後四時死去せり〉

ここで永田の死亡が初めて公表された。実際にはもっと早い時間に息を引き取っていたが、公式の死亡時刻は午後四時とされた。永田鉄山、享年五十一。

同時に、永田がこの急逝によって陸軍少将から昇進することが決まった旨も、合わせて発表された。

斯くして、永田は「陸軍中将」となったのである。

だが、犯人の名前は、依然として伏せられたままであった。

新聞各紙の同日の夕刊には、いずれも永田の顔写真が並んでいる。

『読売新聞』の夕刊一面には、「永田軍務局長斬らる」の大見出しと共に、「執務中現役中佐に襲はれ　遂に危篤に陥る」との記事が掲載されている。午後四時半に陸軍側から発表された第二報の内容は紙面には間に合わず、永田の様態については引き続き「危篤」と報じられた。

また、『東京日日新聞』の夕刊によると、事件勃発時に現場に居合わせ左腕を負傷した新見英夫は、牛込陸軍軍医学校に入院したが、「全治三週間」の診断を受けたとある。

各紙の紙面に、未だ相沢三郎の名前はない。

但し、事件の詳細を直接的に知らない陸軍軍人の間でも、この「現役某中佐」が相沢のことを指していると察知した者は少なくなかったようである。非合法の手段に訴えてでも国家改造を成し遂げようとする昭和維新運動に共感する青年将校たちは多くいたが、彼らの大半は尉官級であった。「中佐」である相沢は、そういった意味において特異な存在だったのである。従って、「現役某中佐」という言葉から、相沢の存在を思い浮かべることは、陸軍の人間にとって自然な連想であった。

のみならず、新聞社の社内でも、相沢の犯行を疑う者が少なからずいたという。

ともかく、陸軍の中枢部で白昼に起きたこの暗殺事件は、日本国民の心にも深刻な暗い影を落とした。

「国民に信頼される陸軍」「国民と共にある陸軍」を目指した永田であったが、皮肉にも彼の死が、国民の陸軍への信頼を大きく失墜させる結果を招いてしまったことになる。

夕刊
讀賣新聞
永田軍務局長斬らる
執務中現役中佐に襲はれ
遂に危篤に陷る
八月十二日午後零時陸軍省發表、陸軍省軍務局長永田鐵山少將は軍務局長室に於て執務中午前九時四十分某隊付某中佐の爲め軍刀を以て傷害を受け危篤に陷る同中佐は憲兵隊へ收容し目下取調べ中なり
永田軍務局長
略歴
留守宅の驚き
"肅正"から行動へ

事件当日の読売新聞

久里浜にいた家族が、陸軍の差し回した軍用車に乗って渋谷の自宅に帰着したのは、午後四時から五時頃のことである。引率役を務めたのは、陸軍省兵器局長の多田礼吉であった。『読売新聞』（八月十三日付）の紙面には、以下のような記載がある。

〈夫人はセーラー服の征外雄君を抱きしめ右手には小さな

包みを下げて車から降りると青ざめた顔を伏目勝ちに門をくぐり混雑の玄関を避けて勝手口からよろけるやうに家に入つた〉

「お父さんはどうしたの？」

そう不安げに聞く子どもたちに対し、重子は、

「お父さんは演習でお怪我なさった」

と苦し紛れに返答したという。しかし、子どもたちの動揺は収まらなかった。

やがて、永田家に白木の棺や、ドライアイスなどが運び入れられた。

納棺式

事件当日、陸軍大臣の林銑十郎は体調を崩していた。前日から発熱の症状に見舞われていたのである。

しかし、この暗殺事件の発生によって、彼の身辺も一変。事件後の対応に追われた。林は陸相官邸に陸軍次官の橋本虎之助や、参謀次長の杉山元らを集め、善後策の協議に入った。

そんな中で、陸軍大臣としての進退問題も浮上した。

但し、政府内では、「陸相が辞任する必要はない」という意見が大半を占めた。この事件で

陸相が辞任するようなことになれば、それは一つの悪しき前例となり、テロを助長する結果を招くことが予測されたためである。首相の岡田啓介も、林の留任を望んだ。

午後七時半頃、体調が万全でない林陸相に代わり、橋本が陸相官邸において記者団に対しこう述べた。

「永田中将の遭難は、全陸軍にとって極めて遺憾の事件であり、有為の材を失ったことは一大痛恨事である」

午後八時頃、両手に手錠を掛けられた相沢が、憲兵司令部の裏庭から車に乗せられた。青山の第一師団に送致されるのである。

車が青山に着いたのは、午後八時半頃であった。

一方、渋谷の永田邸では、氷川神社から招かれた宮司によって、納棺式が執り行われた。遺体は痛々しい包帯姿から、羽二重の白無垢へと漸く外装を整えられた。

午後九時から通夜が始まった。

喪主となったのは長男の鉄城である。霊前には、勲章や恩賜の軍刀などが飾られた。午後十時頃には、参謀総長である閑院宮載仁親王から、真榊一対が届けられた。

附近の路地は車で埋まり、多数の弔問客で辺りはごった返したという。

午後十一時五十分頃、相沢は青山から代々木の陸軍衛戍刑務所に移送された。この場所で、軍法会議の予審に付される予定であった。

斯くして、事件当日の夜は更けていった。

犯人の公表

翌十三日の午前八時半、真崎甚三郎が弔問のため永田邸に姿を現した。真崎は整備局長の山岡重厚を伴っていた。

真崎と生前の永田が、陸軍中央で敵対したことは、本稿で繰り返し述べてきた通りである。だが、二人は本来、「反長州閥」として親交が厚かった。そんな二人が次第に思想的に離反するようになり、激しく対立していったことは、人間関係の困難さを表す一つの象徴のようにも見える。

真崎は祭壇に焼香し、遺族に挨拶をした。

永田に対して「恩知らず」と強い怨恨を抱くようになっていた真崎だが、彼はこの弔問時の心境を日記にこう綴っている。

〈人物モ死スレバ万事ヲ解決ス。斯ル恩知ラズ無節操ノ不徳漢ニテモ神仏トナラバ別物ニシテ予ハ自然ニ哀悼ノ念ニ打タル〉（『真崎甚三郎日記』）

午後一時半過ぎ、陸軍省は記者会見を開き、永田を暗殺した容疑者として相沢三郎の名前を初めて公表した。原稿を読み上げたのは武藤章である。

〈軍務局長永田中将に危害を加へたる犯人は陸軍歩兵中佐相沢三郎にして第一師団軍法会議の予審に付せらるることゝなり十二日午後十一時五十四分東京衛戍刑務所に収容せられたり〉

犯行の動機としては、こう断じられた。

〈永田中将に関する誤れる巷説を盲信したる結果なるが如し〉

武藤は原稿を読み上げながら、思わず落涙したという。

告別式

事件から三日後の八月十五日、青山斎場にて葬式が執り行われた。

葬儀委員長は橋本虎之助、副委員長は永田とは古くからの親友であった岡村寧次である。

喪主は、嗣子である鉄城が務めた。

午後零時半頃、棺が斎場に到着。葬儀は午後一時から始まった。「皇道派の青年将校が襲撃してくる」という噂が流れたため、永田の部下であった片倉衷たちは、拳銃を隠し持っての参列となった。

諏訪時代からの友人で、稀代の気象学者となっていた藤原咲平が、弔辞を読み上げた。

「残念である遺憾千万である。誤解や盲信のためにこれだけの頭、これだけの人格者を有無も言わせずにあの世にやってしまうことは、諦めろと言われて諦められるか」

「それは意見の相違はあろう。しかし、鉄山の忠誠は誰一人疑う者はあるまい」

「この忠烈の士を斃して以て、我意を通そうと言うのか」

「もう国民もこの上、恣《ほしいまま》な直接行動を許しておく訳にはいかない。この際、立ってこの悪癖を矯正せずんば、果たして何れの日を待とうか。永田を犬死にさせてはならない」

寄せられた弔電の数は、七百通をゆうに越えたという。

午後二時半から告別式。時の首相である岡田啓介を始め、多くの閣僚や軍関係者らが姿を現し、式場は悲哀で埋め尽くされた。

午後三時五十分、霊柩は斎場から代々幡火葬場へと移された。

小雨が降っていた。遺体は速やかに荼毘に付され、午後七時半過ぎ、渋谷の自邸に遺骨が戻った。

翌十六日、遺骨は青山霊園立山墓地に埋葬された。

その一部は、故郷である諏訪の地蔵寺にも分骨されている。

エピローグ

林銑十郎の辞任

「昭和天皇実録」の記述を確認すると、この暗殺事件にまつわる細かな動向がその後も奏上されていたことが分かる。八月二十四日の欄には、こう記されている。

〈午後零時五十五分、侍従武官長本庄繁に謁を賜い、参邸した陸軍省人事局長後宮淳《うしろくじゅん》より依頼の人事内奏として、永田鉄山遭難の件に関し台湾軍司令官寺内寿一《てらうちひさいち》（犯人相沢三郎の上長官）及び第五師団長小磯国昭（犯人相沢三郎の前上長官）の進退伺いに対する処分につき奏上を受けられる〉

同月二十八日には、次のような記述がある。

〈午後一時三十分、陸軍大臣林銑十郎に謁を賜い、去る二十六日に軍司令官・師団長を召集し永田鉄山遭難の件に関して行った陸軍大臣訓示、及び師団長会議の経過につき奏上を受けられる。これに対し、今後注意すべき旨の御言葉を賜う〉

この事件について、天皇も大きな関心を寄せていた様子が窺われる。

九月になっても「昭和天皇実録」には陸軍に関する記述が多く並ぶが、同月四日の欄にはこう綴られている。

〈午後四時四十五分、内閣総理大臣岡田啓介に謁を賜い、この日陸軍大臣林銑十郎が永田鉄山遭難事件のため辞表を提出につき、同辞表の奉呈を受けられ、併せて後任人事の内奏を受けられる。なお、林陸軍大臣の辞任については、同人が昨日参邸の際、参謀総長に辞意を表明、即座に総長より侍従武官長に伝達され、引き続き侍従武官長より天皇に言上される。元来、大臣辞任に際しては、内大臣に御下問あるのを例とするところ、今回は特別の事情により、天皇は直ちにお許しになる〉

永田が急逝した後、陸軍が如何に混乱していたかが察せられる記述である。前述した通り、林の進退に関しては、当初から辞任に慎重な声が多かった。しかし、最終的には事態の収拾を図るため、林は陸軍大臣の職を辞任することとなったのである。

翌五日、「昭和天皇実録」にはこうある。

〈午前十時、葉山御用邸において親任式を行われ、陸軍大将川島義之を陸軍大臣兼対満事務局総裁に任じられる。ついで、陸軍大臣川島義之に謁を賜い、陸軍大将林銑十郎（前陸軍大臣）を軍事参議官に補す件の人事内奏を受けられる。

午後二時、前陸軍大臣林銑十郎参邸につき謁を賜い、永田鉄山遭難事件に対するお詫び言上、並びに陸軍大臣辞任の御聴許及び軍事参議官への親補についての御礼言上を受けられる。これに対し、在任中の労をねぎらう御言葉を賜う〉

こうして、生前の永田を重用していた林は、暗殺事件の責任をとって辞職した。後任となった川島義之は、統制派にも皇道派にも属さない「中間派」であった。

公判

永田を失った陸軍は以降、迷走の度合いを一挙に深めていく。「中間派」と言えば聞こえは良いが、川島は結局、両方の派閥に対して充分な指導力を発揮することができなかった。

永田が構想していた「陸軍の統制」は、自身の死によって大きく後退したと言わざるを得ない。

また、関東軍の抑え込みに注力していた永田の喪失は、中国大陸の情勢にも多大な変化を呼んだ。

騎虎の勢いにある関東軍は、より強硬な態度をあからさまに見せるようになり、日中関係は遂に破綻の道へと転落していくのである。

相沢の軍法会議が始まったのは、予審を経た昭和十一年（一九三六年）からである。当初、特別弁護人として石原莞爾の出廷も予定されたが、実現しなかった。

初公判は一月二十八日である。

この日、公判の舞台となる青山の第一師団司令部は、朝から特異な緊張感に包まれていた。

午前十時、軍事法廷での公判が開始。

軍法会議長官の大役に任じられたのは、第一師団長の堀丈夫である。堀は、陸軍内の派閥抗争からは一定の距離を有する人物であった。

だが、判士には佐藤正三郎など、皇道派の者が多かった。皇道派はこの公判を通じて、「統制派の専横」を国民に広く知らしめようと躍起になっていた。

被告・相沢三郎が、法廷を圧するような大声で述べる。

〈この尊い天壌無窮万世一系の天皇陛下へ仕え奉る臣民が実に情けない事ばかりやるので、その都度、御詔勅を賜はることは誠に申し訳なく存じます〉

公判は終始、相沢の独特のペースで進んだ。事件前は日頃から無口だったという相沢だが、法廷では多弁であった。

二月一日に開かれた第三回公判では、永田暗殺時に関して次のような供述に及んだ。

〈考へて見ますとあれは最初から「一刀両断」とばかり考へて居たことが悪かつたのであります。刀は自由自在に使ふべきもので、あの時、突きをやりましたならば、突きの一刀で成功し、閣下がどうにかなられたと思ひます。川中島に於て上杉謙信は一刀を肩先に斬りつけましたが、討ち漏らして非常に残念であつたと思ひます。あの場合は仕方がなかつたかも知れませんが、一刀でなく一突きであつたらと思ひます。戸山学校ではよく教官が「一刀両断、云々」と教へられますが「一刀両断」ばかりでなく「突き」も相当に必要であることを教へて頂きたいと思ひます〉

作家の永井荷風の日記『断腸亭日乗』の二月十四日の条には、次のような一節がある。

〈記事によりて見るに、相沢の思想行動は現代の人とは思はれず、全然幕末の浪士なり〉

作家の筆は、こう続く。

〈日本現代の禍根は政党の腐敗と軍人の過激思想と国民の自覚なき事の三事なり。政党の腐敗も軍人の暴行も之を要するに一般国民の自覚に乏しきに起因するなり。個人の覚醒せざるがために起ることとなり〉

奇しくも、永井の挙げたこの「三事」、つまり「政党の腐敗」「軍人の過激思想」「国民の自覚なき事」とは、まさに生前の永田が抱いていた危惧と共通する事柄である。

相沢狂人説

相沢は自らに下される処分について、どのように想定していたのであろう。事件直後に叫んだように、本当に「台湾に行く」つもりだったのであろうか。

第四回公判の場において、相沢はこう述べている。

〈私の力が足りなかつたから私の祈願念願した様になりませんでした。（略）私の精神を二、三時間憲兵司令官に報告したら「お前の精神はよく解つたから、謹んで安心して台湾に赴任せよ。追つて取調べするから」といふ様になつたかも知れません。然るに実際は私の祈願に反して、現在の様に法廷に立つことになりました。かくの如くなつたのが認識不足であつたと思ひました〉

彼自身「認識不足」と口にしているが、このような発言には少なからず驚かされる。端的に言って、あまりに現実離れした認識だったと言わざるを得ない。

実際、事件直後に彼が発した「台湾に行く」という言葉は、法廷での心象を著しく悪くしていた。陸軍内は勿論、世論においても、「相沢狂人説」「精神異常者説」といった評価が広まった。

斯かる相沢の言動が明らかになるにつれ、生前の永田の実像を知っていた者たちは、改めて遣り切れない思いに苛まれたのであった。

だが、一方の青年将校たちは、相沢の存在を神聖化した。

この「相沢観」の相違こそ、陸軍内の分裂を象徴する事象であったとも言えよう。

第五回公判の場で、相沢は次のように論じた。

〈私の心境は、つまり国家の危機存亡の秋《とき》を救ふべくして決行したのであつて、ただ救国の一途で行つたのであります〉

しかし、検察官に更に追及されると、相沢は大声でこう答えたという。

〈私が馬鹿なのでした〉

以降も公判は続いたが、議論は徐々に停滞していった。

結論が出る日が近付いている。

刑の確定

「怪文書」を作成した磯部浅一と村中孝次は、結果として相沢事件を引き起こす契機を招いたことになる。

そんな二人だが、彼らは相沢事件の後、ますます過激な強硬論へと傾斜した。

第十回となる公判は二月二十五日に行われたが、その翌日に起きたのが「二・二六事件」である。

これは、「天皇親政による昭和維新の断行」を掲げた皇道派の青年将校たちによるクーデター未遂事件である。永田の排除に成功した皇道派が、一挙に実力行使へと踏み切ったのであった。

青年将校たちは、近衛歩兵第三連隊や歩兵第一連隊を指揮して、岡田啓介（内閣総理大臣）、鈴木貫太郎（侍従長）、高橋是清（大蔵大臣）といった要人らを次々に襲撃。総理大臣官邸の他、陸軍省や参謀本部までも占拠した。

その上で、彼らは天皇に昭和維新を訴え掛けた。

しかし、事件の勃発を知った天皇は、

「とうとうやったか」

「まったく私の不徳のいたすところだ」

と暫し呆然としたという。そして、天皇は彼らのことを、

「賊軍」

と断じた。

政府と軍は、彼らを「叛乱軍」として、鎮圧戦を開始。以後、この騒乱は収束へと向かっていった。

事件後、多くの将校たちが叛乱罪で逮捕されたが、その中には磯部や村中の他、北一輝や西田税など、相沢と関係の深かった者たちの姿も多くあった。二・二六事件が、相沢事件の延長線上にあったことが理解できよう。

また、小畑敏四郎は、部下の満井佐吉が二・二六事件に関与したことから、その監督責任を問われることとなった。満井は相沢とも親しく、皇道派に属していた。相沢事件に関する軍法会議でも、満井は相沢の特別弁護人を務めていた。

皇道派の中枢にあった小畑は、こうして陸軍内での権勢を徐々に失い、後の粛軍人事によって予備役に編入されることになる。

即ち、この二・二六事件を契機として皇道派は大きく凋落し、統制派が陸軍の実権を握ることが明瞭となったのであった。

しかし、それは正確に言うと「永田なき統制派」だったのである。

二・二六事件の影響で、相沢事件に関する公判は一旦、中断された。相沢が二・二六事件の勃発を知り及んだのは、発生から二週間近くも過ぎた三月十日のことである。面会に訪れた妻・よね子から事件について聞かされた相沢は、驚愕の表情を浮かべたという。

公判が再開したのは四月二十一日。その後、法廷は遅れた分を取り戻そうと着実に審理を進め、第十三回公判の場において、検察側が死刑を求刑した。

五月七日、第十五回公判にて、死刑判決。

しかし、翌八日、相沢側は上告した。

結句、高等軍法会議による控訴審で上告棄却となり、死刑が確定したのは六月三十日のことであった。

銃殺刑

陸軍刑法の条項により、死刑の方法は銃殺刑と定められている。刑が執行される場所は、陸軍衛戍刑務所の敷地内である。

死刑執行の前日に当たる七月二日には、石原莞爾が相沢への面会に訪れている。実は、石原はこれまでの公判中にも、幾度か相沢のもとを訪ねていた。二人は仙台陸軍地方幼年学校時代からの古い仲である。

この日、相沢は獄中にて、辞世の句を詠んだ。

〈かぎりなき恵みの国に生れきて
　今たち帰る神の御園生《みそのふ》〉

七月三日、遂に死刑執行の日を迎えた。

当日、相沢は夜が明ける前の午前三時頃に起床。監房内の整頓をした後、顔を洗い、朝食として牛乳一本、洋菓子三個を食したという。その後、胃腸薬の「わかもと」を服用した。間もなく処刑に臨む人物が、胃腸薬を服用するとは如何にも特異な光景に映る。この逸話は、戦国武将の石田三成が斬首される直前に柿を薦められた際、

「柿は痰の毒であるのでいらない」

と答えたという日本史の一齣を連想させる。

その後、相沢は絶筆として画仙紙に、

「尊王絶対」

という四文字を書き記した。午前四時三十五分頃のことである。

彼は自己の生が絶えようとするその瞬間まで、この言葉を信奉したのであった。

午前四時四十分から五分ほど、相沢は差し入れの仏像を前に観音経を唱え、それから看守長に、

「私は何時でもよろしゅうあります。御蔭で時間を与えて頂き、ありがとうございました。家内に編んで貰ったこの腹巻毛糸をやって行きます」

と話したという。相沢は終始、落ち着き払った様子であった。

午前四時五十二分、医務室の前において、死刑の執行が典獄から改めて言い渡された。典獄からの、

「遺言なきや」

との問いに、彼はこう答えたという。

「何もありません、色々御世話になりました、御蔭で健康でありました。皆様によろしく」

その直後、相沢は、

「遥拝させて頂きます」

と発してから、

「天皇陛下万歳」

と三唱。

続いて、刑場へと連行される際、相沢は目隠しについて、

「やらないで下さい」

と嘆願した。看守長は、

「規則ですから」

と答えたが、尚も相沢は、

「私にはその必要はありません」

と抗した。当惑した看守長が、

「射手の方で困りますから」

と告げると、相沢は漸く、

「そうでありますか」

と応じたという。

目隠しをされた相沢に、末期の水が与えられた。それを飲んでから、彼は一言、

「頂きました」

と呟いたと言われている。

この言葉が、四十六年間に及ぶ彼の生涯における最期の一言となった。

一分後、銃殺刑が執行された。絶命が確認されたのは、午前五時二分のことである。

遺体はその日の内に荼毘に付された。

戒名は「鉄肝院忠誉義徹居士」である。

日本陸軍のその後

翌昭和十二年（一九三七年）七月、日本は「盧溝橋事件」から雪崩を打つようにして日中戦争へと突入した。

元軍務局軍事課員・池田純久は、相沢事件後の陸軍の迷走について、次のように記す。

〈永田中将の死は、いわば桶のたがはずれたようなもので、陸軍はバラバラになり、滅茶滅茶になったのである〉（『日本の曲り角』）

池田はこう続ける。

〈永田中将の死の翌年には、前代未聞の二・二六事件が起こったではないか。そしてその翌年には日本の命取りといわれる支那事変が起こり、陸軍省首脳部に確固たる方針がなく、ズルズルと大戦争へと突き進んで行ったではないか。永田中将が存命していたら、支那事変の発生を未然に防ぎえたであろうことが想像される。そうなっていたら、日本の運命はまったく違ってきたであろう〉（同書）

「陸軍の統制」を信条の基柱としていた永田が、不本意なる急逝を遂げたことは、「昭和史の大いなる転機」となった。

「嗚呼、永田がいたら」

とは、後に多くの陸軍関係者が呟いた愚痴ならぬ本音である。

生前の永田を知る者たちの声を、更に幾つか紹介したい。満州事変の前後の時期に、永田の部下として軍務に就いていた経験を持つ綾部橘樹はこう語る。

〈将軍の姿を見て居た筆者は大東亜戦争に永田将軍をして在らしめたならば、国論の帰一と軍民の一致の面において大なる貢献がなされ、戦勢の推移や帰趨の上にも何か異なったことが現われたのではなかったかなどと思われて、あの日の凶変がつくづくと遺憾に思われてならぬ〉

（『陸軍中将永田鉄山小伝』）

元陸軍主計中将の清水菊三は、次のように言う。

〈若し将軍をして更に五年、十年、否、天寿を完うせしめたならば、今日の我が日本の姿は変っていたかも知れない〉（同書）

彼らの追想には当然、感傷的な部分も多く含まれていようが、先に紹介した言葉の数々は、概して衷心からの言明のように思える。元陸軍省軍務局課員・有末精三は、こう証言する。

〈私たちにとり、永田さんが亡くなったということは、真に残念なことであった。果たして彼が後に総理大臣をやることになったか、それは判らないが、日本にとっては軍を統制する力をもった永田さんを失ったことは痛手であった〉（『秘録　永田鉄山』）

永田を失った統制派において、俄に頭角を現したのが東條英機であった。東條は生前の永田に心酔し切っていた。永田が存命であったならば、東條を巧みに使いこなすことができたと思われる。

東條の存在を、東京裁判史観に基づく形で闇雲に批判することは避けるべきだが、だからと言って、先の敗戦に関する彼の責任については充分に検証する必要がある。東條が演じた役柄を、もしも永田が担っていたとしたら、昭和史の色彩はどのように変化したであろうか。

永田が相沢の凶刃に斃れることがなかったとすれば、彼は程なくして陸軍大臣になっていた蓋然性が高い。然らば、その後の陸軍は、また別様の表情を見せたことであろう。

歴史に「if」は禁物と言うが、そんな誘惑を抱かせるだけの魅力が、永田にはある。

但し、ともすれば不毛かもしれない斯様な想像に惹かれてしまう辺りに、昭和史の哀切は存するようにも思える。

日本が敗戦を受け入れたのは、永田が暗殺されてから十度目の夏のことであった。

青山霊園

青山霊園は明治五年（一八七二年）に創設された。

約二十六万平方メートルにも及ぶ広大な敷地内には、大久保利通や犬養毅といった多くの歴史的人物の墓碑が並ぶ。永田の墓は、この青山霊園に隣接する附属立山墓地の一角に立っている。

青山霊園から外苑西通りに架かる陸橋を渡った先の「飛び地」のようになっている部分が立

山墓地である。

実はこの立山墓地こそ、青山霊園発祥の地に相当する。会津藩出身の桐生氏が開いたこの立山墓地から、青山霊園の造成が始まったという。

立山墓地の一隅で墓石の掃除をしていた中年の男性に、

「陸軍中将だった永田鉄山の墓がどこにあるか、ご存知ですか？」

と尋ねた。しかし、その男性は、

「知らないなあ」

と首を捻るばかりであった。

私はかなり彼方此方を迷った末、漸く「永田家之墓」という文字の刻まれた墓碑に辿り着くことができた。結句、先の男性が掃除していた場所のすぐ裏側が、永田の墓であった。

墓石の裏面には「昭和五年六月鐵山建立」とある。父母らの御霊を東京でも弔うことができるよう、故郷の諏訪の墓地から分骨する形で、永田が新たに立てたものだと思われる。

それから僅か五年後に、自身がこの墓地に入ることになろうとは、本人も予期していなかったに違いない。

墓石の傍らに佇む記名碑には、永田鉄山の他、父・志解理、母・順子、先妻・文子の名前が刻まれている。鉄山の名前の上には「陸軍中将　正四位勲一等」の文字が冠されている。

「永田家之墓」のすぐ近くには、尊王攘夷の志士で「赤報隊」の隊長であった相楽総三や、大東亜戦争後に「A級戦犯」として処刑された木村兵太郎の墓が並んでいた。

胸像が見つめるもの

永田が暗殺されてから三年以上の星霜を経た昭和十三年（一九三八年）十一月十三日、故郷・諏訪の高島公園内に建つ諏訪招魂社の社頭に、一体の胸像が披露された。

それは、永田の功績を記念するための像であった。この建立に関する建設委員の名簿を確認すると、永田の親友であった藤原咲平や岩波茂雄らの名前を見つけることができる。

時は既に日中戦争下であったが、除幕式は盛大に催された。この胸像を作成したのは、地元出身の彫刻家・長田《おさだ》平次《へいじ》である。長田は、明治二十一年（一八八八年）、茅野市玉川穴山の指物師の家に生まれた。永田の四つ年下である。

大正五年（一九一六年）に上京した長田は、東京美術学校（現・東京芸術大学）彫刻科に入学。昭和二年（一九二七年）には、第八回帝展に初入選し、その後は文展などでも活躍を続けた彫刻家である。

除幕式には、未亡人となっていた重子の他、嗣子である鉄城らも参列した。

除幕式の後には、片倉館にて追悼会が催された。

同館は、片倉財閥の代表者で片倉製糸紡績株式会社社長の片倉兼太郎（二代目）が、同社の創業五十周年を記念して建てた建築物である。現在も「千人風呂」と呼ばれる大浴場が有名だが、同館は浴場棟と会館棟から成っている。永田の追悼会は、この会館棟の一室で行われた。

その後、日本は対米戦へと突入していくが、その戦時下である昭和十七年（一九四二年）八月十二日には、七回忌が執り行われている。

この七回忌では、当時の諏訪市長・宮坂伊兵衛が祭文を読み上げた。同じく、藤原咲平も参列している。

しかし、この胸像は昭和十九年（一九四四年）の秋、物資の不足を補うための「金属類回収令」の対象となり、供出されることとなった。日本はまさに、かつて永田が予見した通りの「総力戦」の中で、適確な指針を示すこともできないまま右往左往していた。

胸像が撤去された跡地には、代わりにコンクリート製の像が設置された。だが、敗戦後には、進駐軍の手によって、このコンクリート像さえも撤去されてしまったという。

それから二十年もの歳月が流れた昭和四十年（一九六五年）四月十一日、永田の胸像が高島公園内に再建された。

実は、金属類回収令によって礎石から降ろされたかつての銅像が、梱包されたままの状態で、諏訪護国神社（諏訪招魂社から改称）の土蔵内から発見されたのである。

これを元の位置へと復元したのであった。この復旧への運動を主導したのは、「永田鉄山中将胸像復旧期成同盟会」と名付けられた組織である。会長を務めたのは、永田とは小学校時代の同級生である浜亀吉という人物だった。復興した胸像の台座に刻まれた「永田鉄山中将像」の題字も、浜が揮毫したという。

永田の胸像（筆者撮影）

生前の永田を知る者たちは、「陸軍の至宝」の遺徳をこうして偲んだのである。

あとがき

世界数十カ国の大学・研究機関の研究グループが参加して、五年ごとに行われる「世界価値観調査」というデータがある。

その中に「もし戦争が起こったら国のために戦うか」という質問が設定されている。

このデータの二〇一〇年期の結果によると、世界七十八カ国中、「はい」と答えた人の割合が最も低かったのが日本であった。

その比率、僅か十五・二%である。

二番目に低い数字だったスペインでも二十八・一%だから、日本人の回答が如何に世界標準から突出した数字であるか分かるであろう。因みに、アメリカは五十七・八%、韓国は六十三%である。

現下の日本人が、「自らの手で国を護る」という意識の極めて稀薄な民族であることを端的に指し示す結果である。日本の軍事戦略は「専守防衛」が基本とされており、この歪な体制には多くの問題が内包されているが、現実にはその「気構え」さえも欠乏していると言える。

国民の健全なる国防意識を高めることに身命を賭した永田であったが、敗戦という体験を経た日本という国家は結句、このような形状に落ち着いた。

永田の胸像は、斯かる祖国の姿を今日も鋭く見据えている。


最後に、後妻である重子のその後の人生について触れておきたい。

不慮の暗殺事件によって未亡人となった重子は、

「自分は後妻だから」

と遺産の殆どを受け取らなかった。重子は以後、軍人恩給に頼る質素な日々を送った。

だが、敗戦後には恩給も停止となり、生活は一挙に困窮。やがて、重子は文房具店を開き、文具を背負って近隣の学校を歩き回ったりしたが、僅か一年ほどで破綻した。

その後、昭和二十六年（一九五一年）頃から、某企業が熱海に有していた保養所の寮母として働くようになった。料理が得意で、調理師の免許も新たに取得したという。

昭和二十八年（一九五三年）から恩給は再開されたが、それ以降も寮母の仕事を長く続けた。

「陸軍の至宝」を妻として支えた戦前の境遇からすれば、劇的な生活の変化であったろう。周囲に尊大な態度をとるようなことはなかったが、子どもたちには、

「父の名を汚すな」

とよく諭したという。

戦争についての話は殆どしなかった。しかし、息子の征外雄は一度だけ、「お父さんが生きていれば、東條さんは押えられた」との母の言葉を聞いたことがあると証言している。

平成六年(一九九四年)、重子は狭心症心不全にて逝去。享年九十一。晩年まで、姿勢の美しい凜とした女性であったという。

参考文献

『秘録　永田鉄山』永田鉄山刊行会（編）　芙蓉書房
『陸軍中将永田鉄山小伝』永田鉄山胸像復旧期成同盟会（編）　非売品
『鉄山永田中将』陸士第十六期生編纂委（編）　川流堂小林又七本店
『永田鉄山』森靖夫　ミネルヴァ書房
『浜口雄幸と永田鉄山』川田稔　講談社選書メチエ
『諏訪史料叢書』諏訪史料叢書刊行会（編）　鮎沢商店印刷所
『諏訪の近現代史』諏訪教育会（編）　諏訪教育会
『統帥綱領』参謀本部編　偕行社
『戦闘綱要　軍令陸第1号』陸軍省編　池田書店
『昭和の将帥』高宮太平　図書出版社
『昭和陸軍の軌跡　永田鉄山の構想とその分岐』川田稔　中公新書
『軍国日本の興亡　日清戦争から日中戦争へ』猪木正道　中公新書
『昭和の名将と愚将』半藤一利　文春新書
『軍ファシズム運動史』秦郁彦　河出書房新社
『大正デモクラシー　民衆の登場』伊藤之雄　岩波ブックレット
『日本の歴史22　政党政治と天皇』伊藤之雄　講談社学術文庫

『昭和天皇「理性の君主」の孤独』古川隆久　中公新書
『政党内閣の崩壊と満州事変　1918〜1932』小林道彦　ミネルヴァ書房
『昭和の軍閥』高橋正衛　中公新書
『官僚制としての日本陸軍』北岡伸一　筑摩書房
『日本の近代5　政党から軍部へ　1924〜1941』北岡伸一　中央公論新社
『陸軍士官学校の真相』陸軍士官学校（編）　外交時報社
『参謀本部と陸軍大学校』黒野耐　講談社現代新書
『東條英機と天皇の時代』保阪正康　ちくま文庫
『昭和人物秘録』矢次一夫　新紀元社
『林銑十郎満洲事件日誌』林銑十郎　みすず書房
『本庄日記』本庄繁　原書房
『比島から巣鴨へ　日本軍部の歩んだ道と一軍人の運命』武藤章　中公文庫
『今村均回顧録』今村均　芙蓉書房
『葛山鴻爪　小磯国昭自伝』小磯国昭　丸ノ内出版
『日本の曲り角　軍閥の悲劇と最後の御前会議』池田純久　千城出版
『有末精三回顧録』有末精三　芙蓉書房
『特高』小坂慶助　啓友社（『特高──二・二六事件秘史』文春学藝ライブラリー）
『三宅坂　軍閥は如何にして生れたか』松村秀逸　東光書房

参考文献

『作戦の鬼　小畑敏四郎』須山幸雄　芙蓉書房
『西田税　二・二六への軌跡』須山幸雄　芙蓉書房
『昭和維新　二・二六事件と真崎大将』田々宮英太郎　サイマル出版会
『断腸亭日乗』永井荷風　岩波書店
『昭和史発掘』松本清張　文春文庫
『軍閥の系譜』岩淵辰雄　中央公論社
『支那派遣軍総司令官　岡村寧次大将』船木繁　河出書房新社
『地ひらく　石原莞爾と昭和の夢（上・下）』福田和也　文春文庫
『戦陣随録』片倉衷　経済往来社
『昭和史　1926－1945』半藤一利　平凡社
『昭和史への証言』安藤良雄（編）　原書房
『私の中の日本軍』山本七平　文藝春秋
『未完のファシズム　「持たざる国」日本の運命』片山杜秀　新潮選書
『軍閥暗闘秘史　陸軍崩壊の一断面』馬島健　協同出版社
『渡部昇一の昭和史』渡部昇一　ワック
『満州事変　戦争と外交と』臼井勝美　中公新書
『満洲国と国際連盟』臼井勝美　吉川弘文館
『満州事変から日中戦争へ』加藤陽子　岩波新書

『満洲事変の裏面史』森克己　図書刊行会
『日本陸軍と中国　「支那通」にみる夢と蹉跌』戸部良一　講談社選書メチエ
『日本陸海軍総合事典』秦郁彦（編）　東京大学出版会
『実録　相沢事件　二・二六への導火線』鬼頭春樹　河出書房新社
『相沢中佐事件の真相』菅原裕　経済往来社
『二・二六事件とその時代　昭和期日本の構造』筒井清忠　ちくま学芸文庫

本文中では参考にした先行研究について記さなかったが、多くの学恩に対し謝意を表したい。

早坂　隆（はやさか たかし）

1973年生まれ。愛知県出身。ノンフィクション作家。著書に『指揮官の決断　満州とアッツの将軍樋口季一郎』、『松井石根と南京事件の真実』（以上、文春新書）、『愛国者がテロリストになった日　安重根の真実』（PHP研究所）、『昭和十七年の夏　幻の甲子園　戦時下の球児たち』（文春文庫）、『鎮魂の旅　大東亜戦争秘録』（中央公論新社）、『戦時演芸慰問団「わらわし隊」の記録　芸人たちが見た日中戦争』（中公文庫）など。日本文藝家協会会員。
公式ブログ　http://dig-haya.blog.so-net.ne.jp/

文春新書

1031

永田《ながた》鉄山《てつざん》　昭和《しようわ》陸軍《りくぐん》「運命《うんめい》の男《おとこ》」

2015年6月20日　第1刷発行
2020年7月10日　第4刷発行

著　者　早坂　隆
発行者　大松芳男
発行所　株式会社　文藝春秋

〒102-8008　東京都千代田区紀尾井町3-23
電話（03）3265-1211（代表）

印刷所　理想社
付物印刷　大日本印刷
製本所　大口製本

定価はカバーに表示してあります。
万一、落丁・乱丁の場合は小社製作部宛お送り下さい。
送料小社負担でお取替え致します。

ISBN978-4-16-661031-0

暴かれた伊達政宗「幕府転覆計画」　大泉光一
変節と愛国　浅海　保
大日本史　山内昌之・佐藤　優
オッペケペー節と明治　永嶺重敏
元号　所　功・久禮旦雄・吉野健一
皇位継承　高橋　紘・所　功
歴史の余白　浅見雅男
江戸のいちばん長い日　安藤優一郎
西郷隆盛と西南戦争を歩く　正亀賢司
邪馬台国は「朱の王国」だった　蒲池明弘
姫君たちの明治維新　岩尾光代
日本史の新常識　文藝春秋編
仏教抹殺　鵜飼秀徳
承久の乱　本郷和人
昭和の東京　12の貌　文藝春秋編
平成の東京　12の貌　文藝春秋編

◆文学・ことば

翻訳夜話　村上春樹・柴田元幸
翻訳夜話2　サリンジャー戦記　村上春樹・柴田元幸
漢字と日本人　高島俊男
日本語とハングル　野間秀樹
危うし！小学校英語　鳥飼玖美子
英会話不要論　行方昭夫
英語の壁　マーク・ピーターセン
漱石「こころ」の言葉　夏目漱石・矢島裕紀彦編
人声天語2　坪内祐三
大人のジョーク　馬場　実
すごい言葉　晴山陽一
名文どろぼう　竹内政明
名セリフどろぼう　竹内政明
「編集手帳」の文章術　竹内政明
凡文を名文に変える技術　植竹伸太郎
新・百人一首　岡井　隆・馬場あき子・永田和宏・穂村　弘選
弔辞　劇的な人生を送る言葉　文藝春秋編
易経入門　氷見野良三
ビブリオバトル　谷口忠大
劇団四季メソッド「美しい日本語の話し方」　浅利慶太
遊動論　柄谷行人
生きる哲学　若松英輔
超明解！国語辞典　今野真二
芥川賞の謎を解く　鵜飼哲夫
ビジネスエリートの新論語　司馬遼太郎
昭和のことば　鴨下信一
週刊誌記者　近松門左衛門　鳥越文蔵監修・小野幸惠

◆経済と企業

金融工学、こんなに面白い　野口悠紀雄
臆病者のための株入門　橘　玲
臆病者のための億万長者入門　橘　玲
売る力　鈴木敏文
安売り王一代　安田隆夫
熱湯経営　樋口武男
先の先を読め　樋口武男
こんなリーダーになりたい　佐々木常夫
新自由主義の自滅　菊池英博
黒田日銀　最後の賭け　小野展克
石油の「埋蔵量」は誰が決めるのか？　岩瀬　昇
原油暴落の謎を解く　岩瀬　昇
就活って何だ　森　健
新・国富論　浜　矩子
資産フライト　山田　順
円安亡国　山田　順

日本型モノづくりの敗北　湯之上隆
松下幸之助の憂鬱　立石泰則
さよなら！　僕らのソニー　立石泰則
君がいる場所、そこがソニーだ　立石泰則
日本人はなぜ株で損するのか？　藤原敬之
ビジネスパーソンのための契約の教科書　福井健策
ビジネスパーソンのための企業法務の教科書　西村あさひ法律事務所編
サイバー・テロ　日米vs.中国　土屋大洋
ブラック企業　今野晴貴
ブラック企業2　今野晴貴
『ONE PIECE』と『相棒』でわかる！細野真宏の世界一わかりやすい投資講座　細野真宏
日本の会社40の弱点　小平達也
税金　常識のウソ　神野直彦
アメリカは日本の消費税を許さない　岩本沙弓
税金を払わない巨大企業　富岡幸雄
トヨタ生産方式の逆襲　鈴村尚久
VWの失敗とエコカー戦争　香住　駿
朝日新聞　朝日新聞記者有志

働く女子の運命　濱口桂一郎
無敵の仕事術　加藤　崇
「公益」資本主義　原　丈人
人工知能と経済の未来　井上智洋
お祈りメール来た、日本死ね　海老原嗣生
2040年全ビジネスモデル消滅　牧野知弘
自動車会社が消える日　井上久男
新貿易立国論　大泉啓一郎
日銀バブルが日本を蝕む　藤田知也
AIが変えるお金の未来　坂井隆之・宮川裕章＋毎日新聞フィンテック取材班
なぜ日本の会社は生産性が低いのか？　熊野英生

◆世界の国と歴史

新・戦争論　池上 彰・佐藤 優
大世界史　池上 彰・佐藤 優
新・リーダー論　池上 彰・佐藤 優
知らなきゃよかった　池上 彰・佐藤 優
民族問題　佐藤 優
二十世紀論　福田和也
歴史とはなにか　岡田英弘
新約聖書Ⅰ　新共同訳　佐藤 優解説
新約聖書Ⅱ　新共同訳　佐藤 優解説
ローマ人への20の質問　塩野七生
新・民族の世界地図　21世紀研究会編
地名の世界地図　21世紀研究会編
人名の世界地図　21世紀研究会編
常識の世界地図　21世紀研究会編
イスラームの世界地図　21世紀研究会編
食の世界地図　21世紀研究会編

武器の世界地図　21世紀研究会編
戦争の常識　鍛冶俊樹
フランス7つの謎　小田中直樹
ロシア 闇と魂の国家　亀山郁夫・佐藤 優
独裁者プーチン　名越健郎
イタリア人と日本人、どっちがバカ?　ファブリツィオ・グラッセッリ
イタリア「色悪党」列伝　ファブリツィオ・グラッセッリ
第一次世界大戦はなぜ始まったのか　別宮暖朗
イスラーム国の衝撃　池内 恵
グローバリズムが世界を滅ぼす　エマニュエル・トッド　ハジュン・チャン他
「ドイツ帝国」が世界を破滅させる　エマニュエル・トッド　堀 茂樹訳
シャルリとは誰か?　エマニュエル・トッド　堀 茂樹訳
問題は英国ではない、EUなのだ　エマニュエル・トッド　堀 茂樹訳
世界最強の女帝 メルケルの謎　佐藤伸行
ドナルド・トランプ　佐藤伸行
日本の敵　宮家邦彦
「超」世界史・日本史　片山杜秀
戦争を始めるのは誰か　渡辺惣樹

第二次世界大戦 アメリカの敗北　渡辺惣樹
オバマへの手紙　三山秀昭
熱狂する「神の国」アメリカ　松本佐保
戦争にチャンスを与えよ　エドワード・ルトワック　奥山真司訳
知立国家 イスラエル　米山伸郎
1918年最強ドイツ軍はなぜ敗れたのか　飯倉 章
人に話したくなる世界史　玉木俊明
世界史を変えた詐欺師たち　東谷 暁
トランプ ロシアゲートの虚実　小川 聡・東 秀敏
王室と不敬罪　岩佐淳士

(2018. 12) B

文春新書

◆政治の世界

日本人へ リーダー篇 塩野七生
日本人へ 国家と歴史篇 塩野七生
日本人へ 危機からの脱出篇 塩野七生
日本人へIV 逆襲される文明 塩野七生
新しい国へ 安倍晋三
小泉進次郎の闘う言葉 常井健一
女子の本懐 小池百合子
国会改造論 小堀眞裕
日本国憲法を考える 西 修
憲法改正の論点 西 修
日本人が知らない集団的自衛権 小川和久
日米同盟のリアリズム 小川和久
拒否できない日本 関岡英之
司馬遼太郎 リーダーの条件 半藤一利・磯田道史・鴨下信一他
財務官僚の出世と人事 岸 宣仁
公共事業が日本を救う 藤井 聡
大阪都構想が日本を破壊する 藤井 聡
「スーパー新幹線」が日本を救う 藤井 聡
体制維新――大阪都 橋下 徹・堺屋太一
仮面の日米同盟 春名幹男
「反米」日本の正体 冷泉彰彦
安倍晋三「保守」の正体 菊池正史
自滅するアメリカ帝国 伊藤 貫
21世紀 地政学入門 船橋洋一
日本に絶望している人のための政治入門 三浦瑠麗
あなたに伝えたい政治の話 三浦瑠麗
21世紀の日本最強論 文藝春秋編
政治の眼力 御厨 貴
情報機関を作る 吉野 準
国のために死ねるか 伊藤祐靖
田中角栄 最後のインタビュー 佐藤 修
安全保障は感情で動く 潮 匡人
軍人が政治家になってはいけない本当の理由 廣中雅之
小泉進次郎と福田達夫 田﨑史郎
日本4・0 エドワード・ルトワック 奥山真司訳
日本よ、完全自立を 石原慎太郎

◆アジアの国と歴史

韓国人の歴史観　黒田勝弘
決定版 どうしても“日本離れ”できない韓国　黒田勝弘
中国4・0　エドワード・ルトワック　奥山真司訳
「南京事件」の探究　北村 稔
日中韓 歴史大論争　櫻井よしこ・田久保忠衛・古田博司　劉 江永・歩平・金燦栄・趙甲濟・洪熒
韓国・北朝鮮の嘘を見破る　鄭 大均　古田博司編
韓国併合への道 完全版　呉 善花
侮日論　呉 善花
朴槿恵の真実　呉 善花
「従軍慰安婦」朝日新聞vs.文藝春秋　文藝春秋編
韓国「反日」の真相　澤田克己
女が動かす北朝鮮　五味洋治
北朝鮮秘録　牧野愛博
ルポ 絶望の韓国　牧野愛博
「暗黒・中国」からの脱出　顔 伯鈞　安田峰俊編訳
米中激突　陳 破空　山田智美訳

「中国」という神話　楊 海英
劉備と諸葛亮　柿沼陽平

(2018. 12) C

◆食の愉しみ

発酵食品礼讃　小泉武夫
毒草を食べてみた　植松 黎
中国茶図鑑（カラー新書）　工藤佳治 兪 向紅 写真・丸山洋平
チーズ図鑑（カラー新書）　文藝春秋編
ビール大全　渡辺 純
イタリアワイン㊙ファイル　ファブリツィオ・グラッセッリ
スタア・バーのカクテルブック　岸 久
一杯の紅茶の世界史　磯淵 猛
辰巳芳子 スープの手ほどき 和の部　辰巳芳子
辰巳芳子 スープの手ほどき 洋の部　辰巳芳子
新版 娘につたえる私の味 一月〜五月　辰巳浜子 辰巳芳子
新版 娘につたえる私の味 六月〜十二月　辰巳浜子 辰巳芳子
小林カツ代のお料理入門　小林カツ代
小林カツ代のお料理入門 ひと工夫編　小林カツ代
フレンチの王道　井上 旭 神山典士・聞き手
日本のすごい食材　河﨑貴一

歴史の中のワイン　山本 博

◆スポーツの世界

植村直己 妻への手紙　植村直己
イチロー・インタヴューズ　石田雄太
プロ野球「衝撃の昭和史」　二宮清純
サッカーと人種差別　陣野俊史
新日本プロレス12人の怪人　門馬忠雄
全日本プロレス超人伝説　門馬忠雄
外国人レスラー最強列伝　門馬忠雄
巨人軍「闇」の深層　西﨑伸彦
野球バカは死なず　江本孟紀
最強のスポーツビジネス　池田 純 スポーツ・グラフィック ナンバー編
箱根駅伝 強豪校の勝ち方　碓井哲雄

◆アートの世界

丸山眞男 音楽の対話　中野 雄
小澤征爾 覇者の法則　中野 雄
ジャズCDの名盤　悠 雅彦・稲岡邦弥・福島哲雄
新版 クラシックCDの名盤　宇野功芳・中野 雄・福島章恭
新版 クラシックCDの名盤 演奏家篇　宇野功芳・中野 雄・福島章恭
クラシックCDの名盤 大作曲家篇　宇野功芳・中野 雄・福島章恭
ウィーン・フィル 音と響きの秘密　中野 雄
モーツァルト 天才の秘密　中野 雄
ストラディヴァリとグァルネリ　中野 雄
ボクたちクラシックつながり　青柳いづみこ
外国映画ぼくの500本　双葉十三郎
うほほいシネクラブ　内田 樹
黒澤明が選んだ100本の映画　黒澤和子編
日本刀　小笠原信夫
岩佐又兵衛　辻 惟雄
春画入門　車 浮代

天才と名人 中村勘三郎と坂東三津五郎　長谷部 浩
天才 勝新太郎　春日太一
鬼才 五社英雄の生涯　春日太一
宮大工と歩く奈良の古寺　小川三夫 塩野米松・聞き書き
僕らが作ったギターの名器　椎野秀聰
今夜も落語で眠りたい　中野 翠
ラジオのこころ　小沢昭一
巨大アートビジネスの裏側　石坂泰章
北斎漫画入門　浦上 満
週刊文春「シネマチャート」全記録　週刊文春編
スポーツ映画トップ100　芝山幹郎
ベートーヴェンを聴けば世界史がわかる　片山杜秀
日本プラモデル六〇年史　小林 昇

文春新書好評既刊

早坂 隆
指揮官の決断
満州とアッツの将軍 樋口季一郎

ナチスに追われたユダヤ人たちを満州に逃がした男は、後にアッツ島玉砕作戦の指揮官となる――。歴史に翻弄されたその生涯を描く

758

早坂 隆
松井石根と南京事件の真実

陸軍きっての親中派ながら、南京戦の指揮をとる。A級戦犯として処刑された軍人の軌跡を追いつつ「事件」の真相に迫る本格評伝

817

原武史・保阪正康
対論 昭和天皇

軍部や弟宮との関係、自ら詠んだ和歌、植民地統治のあり方、声や挙動、そして帝王学――現代史を体現する昭和天皇の実像に迫る！

403

半藤一利・藤原正彦・中西輝政・柳田邦男
福田和也・保阪正康 他
父が子に教える昭和史
あの戦争36のなぜ？

「日本はなぜ負ける戦争をしたの？」と子供に聞かれたら。豪華執筆陣が満州事変、東京裁判等あの戦争をめぐる問いにズバリ答える

711

半藤一利・保阪正康・御厨 貴・磯田道史
「昭和天皇実録」の謎を解く

初めて明らかにされた幼少期、軍部への抵抗、開戦の決意、聖断、そして象徴としての戦後。1万2千頁の記録から浮かぶ昭和天皇像

1009